운동사 교

VS

3 교사 기대

도움이

아이의 호기심을 자극하는 이야기, 아이들이 좋아하고, 마음이 편해지고 이해하기 쉬운 그림으로 되어 있습니다. 특히 장편이 아닌 〈why? 호기심 탐험 백과사전〉, 〈신기한 스쿨버스〉 등 다양한 분야의 지식을 담은 과학 전집을 권장합니다. 친근한 캐릭터가 등장하는 《포켓몬 도감》, 《쿠키런 LIVE 시리즈》 같이 아이가 좋아하는 이야기를 통해 배경 지식을 쌓을 수 있는 책도 있습니다. 이 책을 통해 자녀가 다른 이야기를 접할 때 더 쉽게 이해할 수 있으며 마음속으로 기대하게 됩니다.

그림 감동기

한창 수용성 예가 가장 좋은 발달하므로, 지지적이며 감동적인 이야기 동이 등을 읽기를 바랍니다. 《강아지똥》, 《우리 1971-1944》, 정말공자 피용었다지!》, 《돌림공지 농돌화 돌아온》, 〈마지막 잎》, 《어린 왕자》 같은 책 (에센베리 등등 권장합니다. 이 책들은 주인공이 아이들이도 하고 대화시이도 합니다. 아이가 자신과 주인공을 동일시하여 감정이임을 할 수 있게 도와줍니다.

지수 이야기

들려 주듯이 꼼꼼이 읽어주세요. 다음은 인문학서는 대해 친근감을 가지도록 도와주는 주요 교재를 소개하겠습니다. EBS 프로그램에서 소개되어 있기도 한 《종군 두기》, 《채팅 리틀 편차 그림이 그려진 지나 가 세계에 매우 당긴 지시가 정보를 필요로 할 때 이 책들을 이해하는 데 도와야합니다. 아이들은 곧 기지기를 꼭 합니다.

• 역사 악동즈 VS 역사 도둑 •

한국사 고!

❸ 고려 시대 ❶

글 **조영선** 그림 **김용길** 감수 **이선희** (EBS 초등 강사)

역사 악동즈와 역사 도둑 샤바샤바의 서바이벌 대결!

이번엔 고려 시대에서 대결을 펼쳐요. 고려는 왕건이 후삼국을 통일하고 세운 불교 왕국이지요. 축구 선수의 사인볼과 거울을 훔친 샤바샤바는 현우와 수지, 묘묘를 고려로 데려가 버렸어요.

여러 나라 상인들이 드나들었던 고려 벽란도에서 현우는 풍선껌으로 단번에 인기를 끌었어요. 국제도시 개경의 화려한 모습에 현우와 수지, 묘묘는 홀딱 빠졌고요.

하지만 파란 머리털이 정수리에만 나 있고, 항상 엉터리 역사를 말하는 샤바샤바가 고려 역사를 노리고 있다는 사실을 잊어서는 안 되겠죠?

어마! 샤바샤바가 독버섯 버클을 위로 들어 올렸어요. 밝은 빛이 뿜어져 나오고 있어요. 우리도 역사 악동즈와 함께 역사 속으로 빨려 들어가 봐요!

이선희 (EBS 초등 강사)

 목차

추천사 4
역사 악동즈 vs 역사 도둑 소개 5

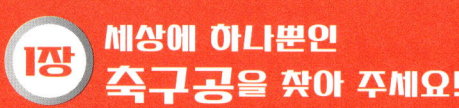
1장 세상에 하나뿐인
축구공을 찾아 주세요!

❶ 사인볼을 훔친 샤바샤바 8
신라는 왜 세 나라로 나뉘었을까?

❷ 샤바샤바와 서바이벌 대결 28
고려는 후삼국을 어떻게 통일했을까?

❸ 가짜 승려 샤바샤바 48
왕건은 후삼국을 어떻게 통일했을까?

❹ 샤바샤바를 구한 현우 68
고려는 신라와 무엇이 다를까?

2장 초록색 손거울이 사라졌어요!

❶ 사라진 손거울 88
고려는 어떻게 국제 교류를 하게 되었을까?

❷ 송나라 상인과의 거래 106
벽란도에는 어떤 상인들이 드나들었을까? ①

❸ 아라비아 상인의 배 124
벽란도에는 어떤 상인들이 드나들었을까? ②

❹ 개경에 나타난 사기꾼 142
국제도시 개경은 어땠을까?

한눈에 보는 한국사고! 160
문제를 풀자! 162
정답이 뭐야? 164
한국사 연표 166

1장 세상에 하나뿐인 축구공을 찾아 주세요!

1 사인볼을 훔친 샤바샤바
신라는 왜 세 나라로 나뉘었을까?

"손강재 선수 골!"

"와, 역전 골이야! 우리가 이겼어!"

길모퉁이에 작고 오래된 건물에서 환호성이 터져 나왔어요. '분실물 신고 센터'라고 쓰여 있는 간판이 흔들릴 정도로 말이죠. 목소리의 주인공은 현우와 수지였어요. 두 사람은 텔레비전으로 축구 경기를 보다가 우리나라가 역전승을 하자 흥분을 주체하지 못했던 거예요.

경기가 끝나자 골을 넣은 손강재 선수는 관중석을 향해 손을 흔들었어요. 그리고 사람들을 향해 걸어가더니 들고 있던 공에 사인을 하고, 한 아이에게 선물했어요. 현우와 수지는 텔레비전 속 공을 받은 아이가 너무나 부러웠어요.

"좋겠다. 손강재 선수의 사인이 적힌 공이라니!"

수지는 자신 때문에 현우까지 경기장에 가지 못한 게 미안했어요.

"미안해. 내가 눈병이 나는 바람에……."

그때였어요. 아이 옆에 누군가가 나타났고, 그 사람은 아이가 들고 있던 공을 낚아챘어요. 아이보다도 작은 사람은 손에 든 공을 하늘 높이 들어 올렸어요.

"앗, 저 사람은……!"

"샤바샤바야!"

현우와 수지는 깜짝 놀라 눈이 휘둥그레졌어요.

언뜻 봤을 땐 어린아이 같았지만 자세히 보니 샤바샤바가 갑자기 나타난 거였어요. 샤바샤바는 마치 자기 물건을 찾은 사람처럼 공을 꼬옥 안고 입을 맞추며 이리저리 쓰다듬었어요.

"으아앙! 돌려줘요!"

공을 빼앗긴 아이가 소리치자 진행 요원들이 허겁지겁 샤바샤바에게로 달려왔어요. 샤바샤바는 작은 체격과 빠른 몸놀림을 이용해 이리저리 방향을 바꿔 달리며 진행 요원들 사이를 빠져나갔어요. 샤바샤바는 자신을 잡지 못하고 허둥대는 사람들의 모습을 보며 깔깔거리며 웃어 댔어요.

"그 공을 어서 아이에게 돌려줘!"

손강재 선수는 샤바샤바를 향해 빠르게 달려갔어요.

"뭐 이렇게 빨라?"

깜짝 놀란 샤바샤바는 있는 힘을 다해 방향을 바꾸며 뛰었지만 손강재 선수와의 거리는 점점 좁아졌어요.

샤바샤바는 다급하게 연막탄을 터트렸어요. 연기는 샤바샤바의 몸을 감춰 주었고, 연기가 걷혔을 때 샤바샤바는 그곳에 없었어요. 미리 준비한 풍선을 타고 높이 날아올랐거든요.

"이러고 있을 때가 아니야."

"어서 아이에게 공을 되찾아 주자!"

텔레비전을 통해 실시간으로 샤바샤바의 난동을 본 현우와 수지는 동시에 외쳤어요. 샤바샤바에 대해 잘 아는 자신들이 샤바샤바에게서 공을 되찾아 주는 것이 옳다고 생각했기 때문이에요. 낮잠을 자던 묘묘도 어느샌가 깨어나 눈을 반짝이며 기지개를 켰어요.

현우, 수지, 묘묘는 미리 준비라도 한 듯 동시에 건물을 나와 뛰었어요.

"샤바샤바!"

현우는 샤바샤바가 분실물 신고 센터 근처의 축구장에 나타날 거라고 생각했어요. 그런데 정말 샤바샤바가 풍선을 타고 날아오고 있었어요. 하지만 높은 곳에 있어서 잡을 수는 없었죠.

"하하하. 닭 쫓던 개 샤바샤바를 우러러본다는 속담이 바로 이런 상황 아니겠니?"

샤바샤바는 현우와 수지를 내려다보며 놀려댔어요.

"그런 속담이 어디 있어요?"

현우는 샤바샤바의 거짓 속담에 혀를 내둘렀어요.

"묘묘 발톱에 닿으면 저런 풍선은 바로 터질 텐데."

수지 머리에 매달려 있던 묘묘는 샤바샤바를 보자마자 흥분해 날뛰었어요. 그리고 묘묘가 휘두른 발이 수지 손에 들려 있던 연필을 쳐 올렸어요.

펑! 묘묘가 쏘아 올린 연필은 샤바샤바가 매달린 풍선을 향해 날아가, 풍선을 모두 터트렸어요. 샤바샤바의 눈이 휘둥그레졌어요.

풍선이 터지자 샤바샤바는 땅에 떨어졌어요. 잔디가 깔린 운동장에 떨어져 다치진 않았지만, 엉덩이가 많이 아픈지 한 손으로 엉덩이를 연신 문질렀어요. 그러면서도 다른 손은 공을 꼭 끌어안았어요.

현우와 수지가 샤바샤바 앞으로 달려가 공을 돌려 달라고 했지만 샤바샤바는 공을 놓지 않았어요.

"어서 공을 돌려줘요!"

샤바샤바는 공을 뒤로 감추며 소리쳤어요.

"버릇없는 녀석들 같으니라고."

"그 공은 왜 훔친 거예요?"

현우와 수지는 샤바샤바가 공에 집착하는 걸 이해할 수 없었어요. 샤바샤바는 자세를 고쳐 일어난 후 진지한 표정으로 하늘을 바라보며 외쳤어요.

"샤바샤바 대왕님은 삼국을 통일하고, '통일 샤바샤바' 왕국을 만들었지."

샤바샤바는 '샤바샤바 대왕님'이란 말을 할 때마다 허리를 크게 숙여 절을 했어요. 현우는 처음 듣는 나라 이름에 잠시 생각에 빠졌지만, 곧바로 고구려, 백제, 신라를 통일한 통일 신라가 떠올랐어요.

"통일 샤바샤바? 혹시 통일 신라를 말하는 건가?"

샤바샤바는 현우를 한심한 눈으로 바라보며 말했어요.

"통일 샤바샤바도 모르다니! 한심하기까지 하네."

"통일 샤바샤바는 샤바샤바 대왕님이 자리를 비우셨을 때 다시 세 나라로 갈라졌다."

샤바샤바의 말을 들은 현우는 확신이 들었어요. 샤바샤바가 말한 통일 샤바샤바는 바로 통일 신라였다는 걸 말이죠.

"수지야, 저런 말 듣지 마. 맞는 게 하나도 없어."

현우는 수지의 귀를 막고 고개를 저었어요. 수지도 고개를 끄덕였어요. 샤바샤바가 우리 역사를 훔치려는 건 수지도 이미 알고 있던 일이에요.

통일 신라의 분열 과정

삼국을 통일한 후 평화로운 시간을 보냈던 통일 신라는 진골 귀족의 왕권 다툼으로 혼란이 시작되었고, 왕권은 약해졌어요. 부패한 진골 귀족 때문에 농민은 더 살기 어려워져 봉기했지요. 여기에 6두품 세력과 지방 호족들이 힘을 키워 신라를 위협하게 되었지요.

왕권 다툼과 사회 혼란

농민 봉기

새로운 세력의 등장

"그런데 그거랑 공이 무슨 상관이에요?"

현우가 따져 묻자 샤바샤바는 공을 쓰다듬으며 말했어요.

"이 공은 세상에서 하나뿐이지. 유일한 샤바샤바 대왕님처럼 말이야. 여기에 샤바샤바 대왕님의 얼굴을 새겨 놓으면 온 세상 사람들이 이 공에 절하게 될 거야."

이 말을 들은 수지는 깜짝 놀라 외쳤어요.

"소중한 사인볼에 낙서를 하면 가만 있지 않을 거예요!"

샤바샤바는 수지의 얼굴을 보고 덜덜 떨며 뒷걸음질을 쳤어요. 그리고 떨리는 목소리로 수지에게 승부를 제안했어요.

"으악! 이럴 수가!"

샤바샤바가 힘껏 찬 공은 너무 높이 날아가 골대는 물론 담장까지 넘어가 버렸어요.

"수지야, 어서 뛰자!"

현우가 수지를 향해 외쳤어요. 공이 담장을 넘어간 이상, 지금부터는 공을 먼저 찾기만 하면 되니까요. 하지만 그건 샤바샤바도 같은 생각이었어요.

    묘묘는 재빨리 샤바샤바를 향해 뛰어올랐어요. 샤바샤바는 눈앞으로 날아든 묘묘에 놀라 소리를 질렀어요.

    "으아아! 고양이 너무 싫어!"

    "니야앙!"

    샤바샤바를 뒤로 하고 현우와 수지는 공을 찾기 위해 힘껏 뛰어 운동장을 빠져나갔어요.

진골의 왕위 다툼과 호족의 등장

신라는 성골 귀족만 왕이 될 수 있었는데, 삼국을 통일할 무렵에는 성골의 대가 끊어졌어요. 그래서 태종 무열왕부터는 진골 귀족이 왕이 되었어요. 진골 귀족들은 권력을 독점하고, 왕위를 놓고 다툼이 잦아졌어요. 태종 무열왕 이후 150년 동안 왕이 스무 명이나 바뀌었지요.

진골 귀족이 땅을 늘리고 사치를 부리는 동안 나라에는 가뭄과 홍수로 흉년이 들고 전염병까지 돌았어요. 하지만 어려운 농민을 보살피지 않고 세금을 더욱 거두었지요. 결국 전국에서 농민들이 들고일어났어요.

이때 지방에서는 지방을 직접 다스리는 호족이 나타났어요. 호족은 군대를 거느리고 세금을 걷기도 했어요. 신라 안에 작은 나라 여럿이 들어선 모양이 되었던 거예요. 당시 혼란한 신라 말의 모습은 합천 해인사 길상탑에서 발견된 벽돌판(길상탑지)에 적혀 있답니다.

합천 해인사 길상탑 사리구 탑지

합천 해인사 길상탑

후삼국의 등장

지방 곳곳에 생겨난 호족은 점점 힘을 키우며, 더 넓은 지역을 차지하기 위해 싸움을 벌였어요. 그중에서도 견훤과 궁예의 세력이 컸지요. 견훤은 지금의 전라도와 충청도 일부 지역인 옛 백제 땅에 나라를 세우고, 그 지역 사람들의 마음을 얻기 위해 나라 이름을 '후백제'라고 했어요. 궁예는 옛 고구려 지역에 살고 있는 옛 고구려인들의 마음을 얻기 위해 '후고구려'라는 이름으로 나라를 세웠어요.
신라는 혼란한 상황에 지방까지 다스릴 수 없었고, 결국 세 나라로 나뉘게 되었던 거예요. 옛날 고구려, 백제, 신라가 있던 삼국 시대와 구별하기 위해 이 시대를 '후삼국 시대'라고 불렀어요.

1장 세상에 하나뿐인 축구공을 찾아 주세요!

2
샤바샤바와 서바이벌 대결
고려는 후삼국을 어떻게 통일했을까?

　　현우와 수지는 공이 날아간 곳을 샅샅이 찾아봤지만 공은 보이지 않았어요. 그때 주변을 유심히 관찰하던 현우가 말했어요.

　　"여긴 내리막길이라 생각보다 더 멀리 굴러갔을지 몰라. 더 안쪽으로 가 보자."

　　현우의 말에 수지는 겁이 난 듯 말했어요.

　　"너무 멀리 가서 길을 잃으면 어떡해?"

　　이에 현우는 풀잎을 꺾어 뒤집어 놓았어요. 풀잎의 위쪽은 짙은 녹색이지만 아래쪽은 밝은 연두색이라 눈에 잘 띄었어요.

　　"우리가 지나가는 길에 이렇게 풀잎을 뒤집어 놓으면 길을 잃지 않고 다시 돌아올 수 있어."

"설마 샤바샤바가 우리보다 공을 먼저 찾는 건 아니겠지?"

지금까지 샤바샤바는 기상천외한 방법으로 동에 번쩍 서에 번쩍 나타났다 사라지기를 반복했기 때문이죠.

"니야앙!"

묘묘의 다급하고도 앙칼진 목소리가 들렸어요. 현우와 수지는 소리가 나는 쪽을 돌아봤어요. 수지의 앞에 있던 나무에 '퍽' 하며 무언가 날아와 부딪혔어요. 자세히 보니 서바이벌 게임용 총에 사용하는 젤리탄이었어요.

"거기 누구야?"

현우가 총알이 날아온 방향을 향해 외치자 나무 뒤에 숨어 있던 한 아이가 얼굴을 내밀었어요. 그 아이는 서바이벌 게임용 장비를 착용하고 있었어요. 총을 쏜 것은 이 아이가 틀림없어요. 말랑말랑하고 부드러워서 잘 터지는 젤리탄을 사용하는 총이었지만, 현우는 아이가 왜 총을 쐈는지 이해할 수 없었어요.

"왜 우릴 공격해? 우리는 게임을 하고 있는 게 아니야."

현우의 말을 들은 아이는 씨익 웃으며 말했어요.

"아까 어떤 사람이 안대를 하고 있는 아이를 잡으면 손강재 선수 사인볼을 준다고 했어."

"뭐? 설마 샤바샤바?"

　현우와 수지는 이대로 아이들에게 잡히면 샤바샤바를 놓칠 것 같아 있는 힘껏 뛰었어요.
　"수지야, 도망쳐!"
　"안대를 한 사람을 노리다니, 너무해!"
　여기저기에서 나타난 아이들은 사인볼을 갖기 위해 수지에게 달려들었어요. 사인볼은 하나 밖에 없기 때문에 먼저 차지하기 위해 열심이었어요.
　묘묘는 절묘한 타이밍에 아이들 앞을 이리저리 뛰어다니며 현우와 수지를 잡지 못하게 방해했어요.

　아이들을 피해 창고에 도착한 현우와 수지는 재빨리 장비를 착용했어요. 현우의 눈은 자신감으로 빛났어요. 현우는 경찰이 되고 싶었기 때문에 초등학교 서바이벌 대회에 나간 적도 있어요.
　그래도 수지는 걱정스러웠어요. 아무것도 모르는 아이들이 다칠 수도 있고, 아이들 때문에 현우와 수지가 다칠 수도 있으니까요.
　"작전을 잘 세우면 돼. 나에게 좋은 생각이 있어."
　"작전?"
　현우의 말을 들은 수지는 어리둥절한 표정을 지었어요.

가까운 곳에서 바스락거리며 나뭇잎 밟는 소리가 들리자 현우와 수지는 재빨리 바위 뒤로 몸을 숨겼어요. 잠시 후 조심스레 고개를 내밀고 소리가 나는 쪽을 살폈어요. 여자아이와 남자아이가 주변을 살피며 조심스레 다가오고 있었어요.

"들어 봐. 무슨 작전인지 알려 줄게."

현우가 수지에게 소곤소곤 작전을 설명하려고 할 때였어요. 묘묘가 아이들 앞으로 천천히 걸어 나왔어요. 그리고 아이들 앞에 배를 보이고 누워 몸을 흔들며 애교를 부렸어요.

"우아, 고양이다!"

　아이들은 갑자기 총을 들고 모습을 드러낸 현우와 수지를 보고 깜짝 놀라 반사적으로 손을 머리 위로 들었어요. 총 대신 휴대폰을 들고 있었기 때문에 반격을 할 수도 없었죠.
　"샤바샤바는 거짓말을 잘 하는 사람이야. 그 공도 훔친 거고."
　현우가 아이들에게 샤바샤바에 대해 이야기하자 아이들은 서로를 바라보며 당황했어요.
　"그럼 샤바 고려 왕국 이야기도 거짓말이야?"
　"뭐? 샤바 고려 왕국?"
　고려는 우리나라의 역사인 걸 아는 현우와 수지는 마음이 급했어요. 샤바샤바가 고려 역사를 노리고 있다는 걸 알게 되었거든요. 한시라도 빨리 샤바샤바를 찾아서 막아야 해요.
　"샤바샤바가 뭐라고 했지?"

아이들은 샤바샤바에게 들은 이야기를 해 주었어요.

"후백제는 견훤이, 후고구려는 궁예가 세우며 힘을 잃은 신라와 함께 후삼국을 이루었다고 했어."

이 말을 들은 현우는 깜짝 놀랐어요. 항상 엉터리 역사를 말하는 샤바샤바가 이번엔 제대로 말했기 때문이에요.

그건 맞는 말이야.

후삼국

통일 신라는 말기에 중앙 권력이 약해지고, 지방 호족 세력이 힘을 키우면서 후백제와 후고구려로 나누어지게 되었어요. 그래서 신라, 견훤이 세운 후백제, 궁예가 세운 후고구려를 가리켜 후삼국이라 불러요.

"그럼 샤바 고려 왕국에 대해선 뭐라고 했어?"

수지가 어리둥절한 표정으로 한 아이에게 물었어요.

"그 세 나라를 통일한 사람이 위대한 샤바샤바 대왕이래."

"뭐?"

아이의 말을 들은 현우는 어이가 없었어요. 후삼국을 통일한 사람은 왕건이고, 왕건이 세운 나라가 고려였거든요.

현우는 아이에게 차근차근 고려가 어떻게 세워지게 되었는지 알려 주었어요. 샤바샤바 때문에 역사를 잘못 알면 안 되기 때문이에요.

고려는 말이야….

고려의 건국

송악(개성) 출신인 왕건은 궁예의 신하였지만 궁예가 잘못된 정치를 하자, 그를 몰아내고 왕이 되었어요. 왕건은 후고구려의 이름을 '고려'라 바꾸고, 수도도 송악(개성)으로 옮겼어요. 이후 신라와 후백제를 멸망시키고 후삼국을 통일했어요.

"그럼 왕이 된 왕건이 다른 나라들을 통일한 거야?"

역사 이야기에 흥미를 느낀 한 아이가 물었어요.

"맞아, 바로 그거야."

현우는 주변에 있던 나뭇잎을 모아다 물감으로 글자를 적으며 열심히 이야기했어요.

"앗, 이럴 때가 아니지. 더 이상 아이들이 잘못된 역사를 배우기 전에 샤바샤바를 막아야 해!"

"어디 있는지 알아. 우리가 데려다 줄게."

아이들이 앞장서서 샤바샤바가 있는 곳으로 달려갔어요.

숲속에는 서바이벌 게임을 하며 쉴 수 있는 작은 오두막이 있었어요. 안을 들여다보니 샤바샤바가 아이들을 모아 놓고 샤뱌샤바 인사법을 가르치고 있었지요.

"속지 마. 샤바샤바의 말은 다 거짓이야."
"사인볼도 샤바샤바가 훔친 거야."
현우와 수지가 크게 외치자 샤바샤바는 깜짝 놀랐어요. 샤바샤바를 따라 땅에 머리가 닿을 듯이 허리를 굽혀 인사를 하던 아이들도 놀라 두 눈을 크게 떴어요.
"거짓말이라고?"
"훔친 공?"
샤바샤바는 잠시 당황했지만 이내 뻔뻔한 표정으로 말했어요.
"증거 있어? 증거도 없이 선한 샤바샤바를 모함하다니!"

샤바샤바는 현우가 공을 잡는 순간, 공을 빼앗기지 않으려고 독버섯 버클을 위로 들어 올렸어요. 그러자 밝은 빛이 뿜어져 나오며 어딘가로 빨려 들어가기 시작했어요.

고려를 세운 왕건

왕건의 아버지인 왕륭은 송악(개성) 일대에서 해상 무역으로 부를 쌓은 호족이었어요. 왕륭은 왕건과 함께 궁예를 찾아가 신하가 되겠다 했지요. 궁예는 왕륭과 왕건을 받아들인 후 후고구려를 세우고, 신라의 절반이 넘는 지역을 차지하게 되었어요.

더 강해지고 싶던 궁예는 나라 이름을 '태봉'으로 바꾸고 철원을 도읍으로 삼았어요. 그리고 자신을 '미륵'이라 하고 신앙을 이용해 힘을 키우려 했지요. 궁예는 주변 사람들을 죽이기도 하며 점점 난폭해졌어요. 이에 반발한 신하들은 그를 내쫓고 왕건을 새로운 왕으로 모셨어요. 왕건은 나라 이름을 '고려'로 정하고, 도읍을 철원에서 송악으로 옮기게 되었지요.

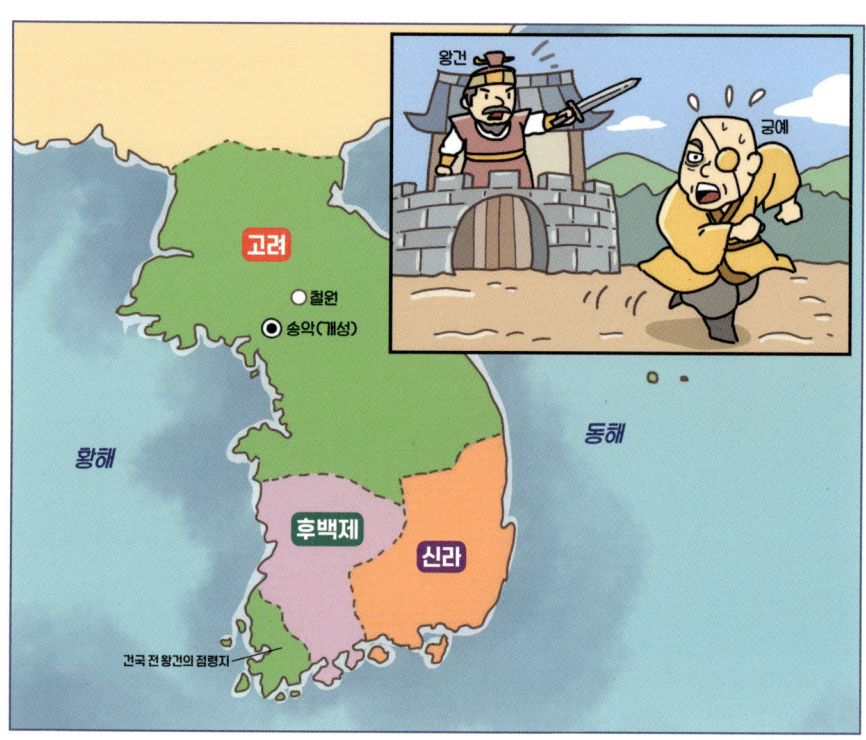

공산 전투와 고창 전투

고려가 세워진 무렵, 후백제는 고려와 사이좋게 지내려는 듯 보였어요. 하지만 후백제의 견훤이 신라를 공격했을 때 고려가 신라를 돕자 둘의 사이는 나빠졌지요. 견훤은 군사를 이끌고 신라를 쳐들어가 신라 왕을 죽이고 경순왕을 세웠어요. 왕건은 신라를 돕기 위해 나섰고, 지금의 대구 근처인 공산에서 왕건과 견훤이 맞붙게 되었죠. 이 전투를 '공산 전투'라고 하는데, 왕건은 아끼던 장수들을 잃고 크게 패배했어요.

몇 년 후 더욱 철저히 준비한 고려는 지금의 안동(고창)에서 다시 후백제와 싸웠어요. '고창 전투'에서 고려는 큰 승리를 거두었고, 고려와 후백제 사이에서 눈치를 보던 호족 세력을 흡수하게 되었어요. 고창 전투는 고려가 후삼국을 통일할 수 있는 발판이 된 셈이에요.

견훤이 쳐들어왔을 때 신라 경애왕이 신하들과 머물던 경상북도 경주시의 포석정

고창 전투에서 유래한 안동 차전놀이

1장 세상에 하나뿐인 축구공을 찾아 주세요!

가짜 승려 사바사바
왕건은 후삼국을 어떻게 통일했을까?

현우와 수지가 눈을 떴어요. 그러자 원래 있던 곳과는 완전히 다른 곳에 있다는 걸 알았어요.

"여기는 어디지?"

샤바샤바는 현우와 수지가 어리둥절한 틈을 타 공을 들고 있는 힘껏 달렸어요. 주변은 물이 가득한 논이라 좁은 논두렁을 달려야 했지요. 하지만 몸집이 작은 샤바샤바에게는 문제가 되지 않았어요. 현우와 수지도 샤바샤바를 따라 달렸지만 거리는 점점 멀어졌어요.

"꼴 좋다. 어디 고려에서 잘해 봐라."

"고……고려?"

현우는 놀랐어요. 샤바샤바의 말이 정말이라면 샤바샤바를 잡지 않고서는 원래 있던 곳으로 돌아갈 수 없어요.

"나는 미래의 경찰이다. 절대 포기하지 않아!"

현우가 기합을 넣고 달리자 샤바샤바와 현우의 거리가 좁아지기 시작했어요.

"으악!"

샤바샤바가 철퍼덕하고 갑자기 앞으로 고꾸라졌어요. 현우의 기합 소리에 놀라 발밑에 있던 돌부리를 미처 못 본 것이죠. 빠르게 달렸던 만큼 크게 넘어져서 한동안 일어나지 못했어요.

"지금이 기회야!"

현우와 수지는 샤바샤바를 잡을 수 있다는 희망에 환호성을 질렀어요.

"잡았다, 샤바샤바!"

현우는 샤바샤바의 옷깃을 잡아 일으켰어요. 샤바샤바는 양반다리를 하고 눈을 감은 채 알 수 없는 말을 중얼거리기 시작했어요.

"반야마라 샤바샤바 수리수리 마하수리 수수리 샤바샤바……."

"샤바샤바, 어서 공을 돌려주세요."

현우와 수지가 샤바샤바에게 재촉하듯 말했지만 샤바샤바는 꼼짝 않고 계속 중얼거렸어요.

"안 되겠어. 억지로라도 빼앗자."

"내가 간지럼을 태울 테니 오빠가 공을 당겨."

샤바샤바는 묘묘가 울음소리를 내고 수지가 간지럼을 태우자 몸을 움찔거렸어요. 그때 누군가의 목소리가 들렸어요.

"너희, 불경을 외는 스님께 무슨 짓이니?"

소리에 놀라 주변을 둘러본 현우와 수지는 놀랐어요. 어느새 마을 사람들이 다가와 무서운 표정으로 보고 있었기 때문이에요.

"스님요? 이 사람은 스님이 아니에요. 오히려 남의 물건을 빼앗아 자기 것이라고 하는 나쁜 사람이에요."

현우와 수지는 오해를 풀려고 했어요. 그러자 샤바샤바가 평소와는 다른 온화한 표정을 지으며 말했어요.

"아이들을 용서해 주십시오. 나이가 어려 사리 분별을 못할 뿐입니다. 그리고 이건 제 목탁입니다. 나무관세음샤바."

통통통 샤바샤바가 공을 목탁 두드리는 듯하자 마을 사람들은 모두 샤바샤바를 향해 두 손을 모았어요. 그리고 샤바샤바는 유유히 그 자리를 빠져나가기 시작했어요.

"앗, 샤바샤바! 거기 서요!"

다급해진 현우와 수지가 샤바샤바를 향해 외쳤지만 마을 사람들은 오히려 현우와 수지를 막아섰어요.

샤바샤바는 후다닥 뛰어 사람들의 시야에서 사라졌어요. 그제야 사람들도 샤바샤바가 가짜인 걸 깨달았어요.

"미안하구나. 왕건께서도 불교를 장려하시니 그만큼 스님도 존경을 받고 있거든."

현우는 지금이 어떤 시대인지 확실하게 깨달았어요.

'샤바샤바가 고려 왕건의 숭불 정책을 이용한 거구나.'

왕건의 통일 정책 ①

왕건은 백성들의 뜻을 하나로 통합하기 위해 불교를 장려했어요. 하지만 유교와 풍수지리설 등도 인정하여 다양한 문화가 어우러지도록 했어요.

▶ 왕건이 세운 개태사와 삼존불

수지와 현우는 서둘러 샤바샤바가 사라졌던 방향으로 뛰었어요. 하지만 얼마 못 가 금세 지쳤어요.

"오빠, 배가 너무 고파."

수지가 꼬르륵거리는 배를 만지며 현우에게 말했어요. 현우도 온종일 다니느라 지친데다 배가 고팠어요. 현우와 수지는 샤뱌사바를 찾지는 못했지만 시장으로 보이는 곳에 도착했어요.

현우는 샤바샤바에 대한 정보를 얻기 위해 사람들의 대화에 귀를 귀울였어요.

"왕건은 정말 성군이야."

"맞아, 백성들을 위해 세금을 줄여 주시다니."

"그뿐인가? 우리 같은 가난한 사람이 곡식을 빌릴 수 있도록 관청을 만들어 주시기도 했잖은가?"

시장은 온통 고려를 세운 왕건에 대한 칭찬이 자자했어요.

왕건의 통일 정책 ②

왕건은 백성들의 마음을 얻기 위해 백성들이 나라에 내는 세금을 줄여 주었어요. 또한 어려운 상황에 있는 백성들을 위해 곡식을 빌려주는 관청도 만들었어요.

"그런데 아까 그 키 작고 이상한 옷을 입은 자 봤나?"

"봤지. 난 처음에 스님인 줄 알았다고."

현우와 수지는 두 사람의 대화에 귀를 기울였어요. 그들 대화 속에 등장하는 사람은 샤바샤바가 분명했어요. 현우는 다급한 표정으로 말했어요.

"그 사람, 언제 보셨어요? 어디로 갔는지 아시나요?"

"여기를 떠난 지는 얼마 안 됐지. 저쪽으로 갔어."

답을 해 준 마을 사람은 옆으로 이어진 길을 가리켰어요. 현우와 수지는 대답을 듣자마자 샤바샤바가 갔다고 하는 방향으로 뛰었어요. 묘묘도 눈을 빛내며 함께 뛰었어요.

갈림길을 만나자 현우와 수지는 더 이상 나아갈 수 없었어요. 잘못된 길을 선택하면 샤바샤바를 영영 놓쳐 버릴 수도 있기 때문이에요. 샤바샤바의 발자국을 찾아보려 해도 수많은 사람이 밟고 지나간 흙길에서 샤바샤바의 흔적을 찾는 것은 불가능에 가까워 보였어요.

"어떡하지? 샤바샤바는 더 멀리 달아날 텐데."

수지가 조바심을 내며 말하자 현우는 뭔가 골똘히 생각하다 스마트워치를 펼쳤어요.

"샤바샤바가 고려의 역사를 훔치려는 게 아닐까? 내 생각이 맞다면 샤바샤바는 고려의 북진 정책을 따라 북쪽으로 난 길로 갔을 거야."

"북진 정책?"

왕건의 통일 정책 ③

왕건은 옛 고구려 땅을 되찾기 위해 나라 이름을 '고려'라고 지었어요. 그리고 옛 고구려 수도였던 평양을 '서경'이라 이름 짓고 크게 발전시켜 북쪽에 있던 발해 사람들도 따뜻하게 맞아 주었어요.

현우와 수지는 확신을 가지고 북쪽을 향해 뛰었어요.

멀지 않은 곳에 작은 마을이 있었어요. 이곳에 도착하자 젊은 여인들이 기분 나쁜 표정을 지으며 대화하는 모습이 보였어요.

대화를 듣고 있던 현우와 수지는 여인들이 누구에 대해 말하고 있는지 금세 눈치챌 수 있었어요.

"틀림없어. 샤바샤바야."

"그런데 샤바샤바가 왜 저런 말을 하는 거지?"

수지는 샤바샤바가 이해가 안 간다고 했지만, 역사를 좋아하는 현우는 알아차렸어요.

"샤바샤바는 고려의 역사를 자기 것으로 만들고 싶어 해. 고려 왕건은 스물아홉 명의 부인과 결혼해서 강한 힘을 가진 자들을 자기 편으로 만드는 정책을 펼쳤거든."

왕건은 여러 호족 집안의 딸들과 결혼해서, 그들을 자기 편으로 만들려고 했어.

왕건의 통일 정책 ④

왕건은 힘을 가진 호족들을 자기 편으로 끌어들이기 위해 무려 29명이나 되는 호족의 딸들과 결혼하는 정책을 펼쳤어요.

※ 학교 졸업사진 아님.

오빠의 말을 들은 수지는 샤바샤바가 정말로 스물아홉 명의 여인들을 납치할까 봐 걱정되었어요. 눈을 굴리며 방법을 고민하던 수지에게 좋은 아이디어가 떠올랐어요.

"오빠! 나 좋은 생각이 떠올랐어."

"좋은 생각? 한번 말해 봐."

"오빠는 분장만 잘 하면 이곳 여인들처럼 보일 거야."

수지의 말에 현우는 크게 놀랐어요.

"오, 찾았다."

샤바샤바는 마을에서 신부로 데려갈 여인을 찾아봤지만 쉽게 승낙하는 사람이 없었어요. 그런데 지금껏 보지 못한 여인이 샤바샤바의 눈에 띄었어요. 샤바샤바는 그 여인에게 다가갔어요.

"샤바샤바 대왕님의 신부가 되는 영광을 줄게. 나랑 가자."

여인은 살짝 얼굴을 가리며 말했어요.

"품에 꼭 안고 있는 둥글고 예쁜 물건을 주신다면 그렇게 할게요."

사실 이 여인은 현우가 변장한 것이었어요. 공을 달라고 하는 현우의 말에 샤바샤바는 잠시 고민하더니 고개를 숙이고 두 팔을 뻗어 현우에게 공을 내밀었어요.

'좋아, 되찾았어!'

현우가 속으로 탄성을 내지르며 공을 받으려는 순간, 갑자기 강한 바람이 불어와 현우의 가발을 날려 버리고 말았어요.

현우는 다급하게 샤바샤바의 손에 있는 공을 휙 빼앗았어요.
"공 이리 내요!"
현우에게 공을 빼앗기자마자 샤바샤바는 있는 힘껏 공을 발로 차 버렸어요. 현우의 손에서 떨어진 공은 내리막길을 따라 통통통 튀며 굴러갔어요. 샤바샤바는 물론 현우, 수지, 묘묘까지 공을 향해 힘껏 달리기 시작했어요.

왕건의 훈요 10조

태조 왕건은 후손에게 나라를 다스리면서 지켜야 할 열 가지 가르침을 남겼어요. 이걸 '훈요 10조'라고 해요. 후대 왕들은 훈요 10조에 따라 나라를 다스리고자 했기 때문에, 이 내용을 알면 고려의 이상과 통치 방향을 알 수 있지요.
불교를 숭상하는 정책을 펼쳤고, 중국의 풍습을 따를 필요가 없다는 말로 자주성을 지키고자 한 걸 알 수 있어요. 나라를 더욱 굳건히 하고, 백성을 위하는 정치를 하기를 바란 왕건의 뜻이 담겨 있다고 할 수 있어요.

《훈요 10조》

① 불교를 숭상할 것
② 모든 사원은 풍수지리를 보고 세운 것이니 함부로 창건하지 말 것
③ 왕위 계승은 맏아들이 하되, 못나고 어리석으면 형제 중 인망이 있는 자가 계승할 것
④ 당의 풍습을 억지로 따르지 말고, 거란의 의관 제도는 본받지 말 것
⑤ 서경을 중시할 것
⑥ 연등회와 팔관회 등 중요한 행사를 소홀히 하지 말 것
⑦ 간언을 받아들이고 세금 부담을 줄여 민심을 얻을 것
⑧ 차현 이남, 공주강 밖 지방 사람을 등용하지 말 것
⑨ 관리의 녹봉을 함부로 가감하지 말고 공평하게 정해 줄 것
⑩ 널리 경사를 보아 현실을 경계할 것

결혼을 29번 한 왕건

태조 왕건에게는 29명의 부인이 있었어요. 왕건이 혼인을 많이 한 건 호족들 때문이었어요.

호족은 한 지방에서 사병을 거느리며 오래도록 권력을 잡고 있는 세력이에요. 궁예나 견훤, 왕건도 호족이었죠. 왕건은 호족들이 도와줘서 후삼국을 통일할 수 있었지만, 통일 후에는 호족들 힘이 셌기 때문에 왕권이 약할 수밖에 없었어요. 왕건은 왕권을 강화하기 위해서 고민했어요. 그래서 호족과 사위와 장인의 관계를 맺고 호족의 충성을 받아 냈지요. 부인이 29명이나 된 건 그만큼 힘센 호족이 많았기 때문이에요.

기인 제도를 실시한 왕건

왕건은 호족 세력을 견제하기 위해 여러 가지 방법을 사용했어요. 왕건은 호족이 아들 중 한 명을 수도인 개경에 볼모로 보내도록 했어요. 이를 기인 제도라고 해요. 호족의 아들은 개경에서 지방 행정 고문을 맡았어요. 세력이 강한 호족이 반란을 일으키면, 볼모가 된 아들이 죽을 수도 있기 때문에 왕건을 거스를 수 없었어요. 왕건은 이 제도로 호족 세력을 견제하고 왕권을 강화했어요.

1장 세상에 하나뿐인 축구공을 찾아 주세요!

사바사바를 구한 현우

고려는 신라와 무엇이 다를까?

최선을 다해 달렸지만 굴러 내려가는 공을 잡는 건 쉽지 않았어요. 다리가 짧은 샤바샤바는 점점 현우에게 뒤처질 수밖에 없었어요.

"좋았어! 조금만 더, 내가 먼저 잡을 수 있어!"

샤바샤바를 앞지른 현우의 목소리에 자신감이 넘쳤어요. 그런데 샤바샤바가 갑자기 앞으로 넘어지더니 몸을 둥글게 웅크리고는 공처럼 구르기 시작했어요. 작고 둥근 몸을 이용한 샤바샤바만의 전략이었어요.

내리막으로 구르던 공은 평지에 이르러 느려졌고 긴 담장에 부딪히며 멈췄어요. 결국 공은 다시 샤바샤바의 손에 들어갔어요.

"이 모든 것이 샤바샤바 대왕의 은총이로다!"

샤바샤바는 거친 내리막을 굴러 내려오느라 온몸이 상처투성이였지만, 공을 잡자마자 샤바샤바 대왕에게 절을 올렸어요.

"공 이리 줘요!"

가쁜 숨을 뱉으며 뛰어 내려오는 수지의 목소리를 무시하며 샤바샤바는 바닥에 뭔가를 설치했어요. 이번엔 절대 놓치면 안 되겠다고 생각한 현우의 손에 샤바샤바의 옷깃이 닿았어요. 현우가 옷깃을 움켜쥐기 직전, 바닥이 튀어 오르며 모두 함께 담장 위로 높이 날아올랐어요.

담장을 넘어온 현우와 수지는 깜짝 놀랐어요. 많은 사람들이 바닥에 엎드려 뭔가를 쓰고 있었기 때문이에요.

"모두 뭐 하는 거지?"

수지가 당황한 얼굴로 물었어요. 현우 역시 놀라웠지만 이내 상황을 파악했어요.

"과거를 보고 있는 거야. 고려 시대에는 신분보다는 능력을 중요하게 여겼기 때문에 이렇게 시험을 보고 관리를 뽑았거든."

① 과거 제도 실시

신라 시대에는 아무리 능력이 뛰어나더라도 신분이 높지 않으면 출세할 수 없었어요. 그래서 높은 관직은 모두 진골 귀족의 몫이었죠. 하지만 고려 초기, 광종은 능력이 뛰어난 인재의 필요성을 느끼고 과거 제도를 시행했어요. 이 제도는 조선 시대까지 이어졌어요.

"어이, 거기. 왜 서 있나? 시험 시작 소리 못 들었나?"

관복을 입은 사람이 현우와 수지를 향해 외치자 둘은 급하게 몸을 숙였어요.

"일단 시험 보러 온 사람처럼 행동하자."

"응. 그나저나 샤바샤바는 어디 있는 거야?"

현우와 수지는 시험을 보는 척 행동하면서 주변을 조심스레 살폈어요.

샤바샤바는 자리에 앉아 몰래 옆 사람의 시험지를 보면서 답을 베끼고 있었어요. 다른 사람의 시험지를 몰래 보고 베끼는 건 굉장히 나쁜 일이에요. 현우와 수지는 여기에서도 나쁜 일을 하는 샤바샤바의 모습에 어이가 없었어요.

"샤바샤바, 여기에서도 저런 나쁜 일을 하다니."

현우의 목소리를 들은 묘묘는 샤바샤바를 향해 달려갔어요. 하지만 얼마 가지 못해 누군가에게 뒷덜미를 잡히고 말았어요.

> 한자로 되어 있어서 무슨 말인지 하나도 모르겠어.

수지는 시험지에 쓰여 있는 글의 의미를 알지 못해 어쩔 줄 몰라 했어요.

"문제를 알아도 우리가 한글로 답을 쓰면 아무도 못 알아볼 거야. 고려 시대에는 한글이 없거든."

현우는 아무것도 안 쓰기보다는 뭐라도 쓰는 게 나을 것 같아서 고민을 하다 무언가를 끄적였어요.

그리고 시간이 흘러 시험을 마치는 소리가 들렸어요.

> 시험 종료! 모두 붓을 놓으시오.

"아니, 이 답은?"

답안지를 살피던 관리는 유심히 들여다보았어요. 그리고 다른 관리들에게 보여 주며 얼마 동안 이야기를 나누더니 시험 참가자들을 향해 외쳤어요.

"샤바샤바가 누구인가?"

"내가 샤바샤바요!"

관리의 부름에 샤바샤바는 신이 난 표정으로 손을 들고 일어났어요. 자신이 좋은 성적을 냈기 때문에 불린 것이라 생각했죠. 하지만 그건 잘못된 생각이었어요.

"부정한 행위를 한 저자를 당장 포박하라!"

관리의 외침과 함께 샤바샤바는 도망칠 겨를도 없이 몸이 묶이고 말았어요.

"남의 답을 훔치는 행위는 절대 용서할 수 없소. 다른 이의 이름까지 베꼈잖은가."

관리는 샤바샤바가 다른 이의 답안을 베꼈다는 걸 알아차리고 샤바샤바에게 벌을 내리기로 했어요. 그리고 다른 이의 답안을 더 살펴보다가 또 다시 사람들을 향해 외쳤어요.

"이 답안지는 누구의 것인가?"

관리가 앞으로 들어 보인 것은 현우의 것이었어요. 현우는 크게 긴장했어요. 앞서 샤바샤바에게 일어난 일을 생각하니 잘못한 것은 없지만 몸이 떨려 왔어요.

"넌 답을 쓰지 않고 뭘 쓴 것이지? 이것의 의미가 무엇이냐?"

"하나 묻겠다. 나라를 잘 다스리기 위해 필요한 것이 무엇이라 생각하는가? 대답을 잘하면 큰 상을 내리겠다."

현우는 갑작스러운 질문에 당황했지만, 열심히 고민해서 썼던 답에 대한 이유를 설명했어요. 사실 현우는 지금이 고려 시대 초기인 걸 알고 있었거든요. 현우는 그동안 읽은 역사책 속 지식을 최대한 떠올려 답했어요.

"지금 고려에는 유교의 가르침이 필요한 것 같습니다. 그래서 그에 대한 스물여덟 가지 의견이 있습니다."

"흠, 과연."

② 유교 정치 사상 채택

유교는 임금께 충성하고, 부모께 효도하는 것을 강조하는 사상이에요. 삼국 시대부터 있었지만, 나라를 다스리는 이념으로 자리 잡은 건 고려 성종 때부터예요. 신하 중 최승로라는 사람이 '시무 28조'라는 건의문을 올려 유교로 나라를 다스려야 한다고 했어요. 성종은 이를 바탕으로 여러 제도를 마련했어요.

현우의 대답을 들은 관리는 감동했어요. 한 신하가 임금께 유교에 대한 생각을 이야기했고, 임금께서도 그와 같은 생각으로 정치를 펼쳐 나가겠다고 마음먹은 걸 알고 있었거든요. 아무것도 모르는 아이가 이런 생각을 했다는 게 기특했어요.

"원하는 것을 말하라. 너에게 상을 내리고 싶구나."

현우는 잠시 고민하더니 밧줄에 묶여 있는 샤바샤바를 봤어요.

"그럼 저 사람을 풀어 주세요. 비록 잘못은 했지만, 제가 저 사람이 바르게 살도록 가르칠게요."

재물이나 관직이 아니라 죄인을 용서해 달라는 현우의 말에 관리는 물론 모두가 감동했어요.

"저자를 풀어 주어라."

관리가 명령하자 병사들은 샤바샤바를 풀어 주었어요. 그 순간 샤바샤바는 병사가 들고 있던 축구공을 잡아챘어요.

"흥! 내가 고마워할 줄 알고?"

샤바샤바가 벨트 버클 쪽으로 손을 움직이자 현우와 수지는 재빠르게 샤바샤바의 옷을 잡았어요.

"놓치면 안 돼!"

현우, 수지, 묘묘는 현재 세계로 돌아왔지만 샤바샤바의 모습은 온데간데없었어요.

"아, 샤바샤바를 놓치고 말았어. 공을 찾아 사인볼을 선물 받은 아이에게 돌려주려 했는데……."

현우는 힘이 쭉 빠졌어요. 그런데 수지가 큰 목소리로 외쳤어요.

"오빠, 저기! 그 축구공 아니야?"

수지가 가리킨 곳에는 손강재 선수의 사인볼이 놓여 있었어요. 현우와 수지는 만세를 불렀어요.

사인볼에는 작은 쪽지도 붙어 있었어요.

현우와 수지는 샤바샤바에게 되찾은 공을 들고, 사인볼을 선물 받았던 아이를 찾아갔어요. 멀지 않은 곳에서 재잘재잘 떠들고 있는 아이를 발견했어요. 아이는 손강재 선수와 함께였어요.

"자, 여기 네 소중한 사인볼!"

"우리가 되찾아 왔어."

아이의 손에는 손강재 선수에게 다시 받은 사인볼이 들려 있었어요. 알고 보니 손강재 선수가 아이에게 새로운 공에 사인을 해서 선물한 거였어요.

"착한 아이들이구나. 너희에게도 사인볼을 주마."

현우와 수지는 손강재 선수의 말에 날아갈 듯 기뻤어요. 모두 축구공을 하나씩 가지게 되어 행복했어요.

광종의 왕권 강화

광종은 왕권을 강화하기 위해 과거 제도와 노비안검법을 실시했어요. 고려는 호족의 도움을 받아 세운 나라였기 때문에 호족의 권력이 강했어요. 높은 관직도 호족이 차지하고 있었는데, 중국에서 건너온 사람이 광종에게 과거 제도를 건의했지요. 과거 제도는 시험을 통해 실력 있는 관리를 뽑는 제도였기 때문에 능력 있는 인재들이 왕에게 충성하게 되었어요.

고려를 세우기 위한 전쟁을 했을 때, 호족은 많은 사람들을 포로로 잡고 노비로 부렸어요. 광종은 강제로 노비가 된 사람들의 신분을 양인으로 되돌려 놓는 노비안검법을 실시했어요. 노비안검법으로 호족의 세력을 꺾을 수 있었고, 세금을 내는 양인들이 늘어나게 되었지요.

광종은 과거 제도와 노비안검법으로 호족 세력을 견제하고, 왕권을 강화하는 기반을 만들 수 있었어요.

성종의 제도 정비

광종에 이어 왕위에 오른 성종은 유교 정치 사상을 채택하고, 여러 가지 제도를 정비해서 중앙 집권 체제를 강화했어요.

유교는 임금께 충성하고, 부모님께 효도하는 것을 강조하는 사상이에요. 최승로가 성종에게 '시무 28조'를 제출하며 유교를 통치 이념으로 삼을 것을 건의했고, 성종이 이를 받아들였던 거예요. 시무 28조는 현재 22개만 전해지는데, 정치, 경제, 사회, 문화 등 다양한 분야에 걸쳐 나라를 다스리는 기준을 제시했어요.

성종은 이 외에도 중앙 정치 조직이나 지방 행정 제도, 군사 제도, 교육 제도 등을 정비했어요.

2장 초록색 손거울이 사라졌어요!

사라진 손거울

고려는 어떻게 국제 교류를 하게 되었을까?

"오늘도 이대로 집에 가야 하나?"

멍하니 앉아 있던 현우가 기지개를 켜며 따분하다는 듯이 말했어요. 그도 그럴 것이 며칠째 아무도 오지 않았기 때문이죠. 여유롭게 묘묘를 쓰다듬던 수지는 묘묘에게 시선을 떼지 않고 대꾸했어요.

"신고가 없는 게 더 좋은 거 아니야? 그만큼 어려움에 빠진 사람들이 사라졌다는 뜻이니까."

"맞는 말이야."

수지의 말에 고개를 끄덕인 현우는 좋아하는 역사책 한 권을 꺼내 들었어요. 그런데 갑자기 문이 열리며 누군가 들어왔어요.

수지는 깜짝 놀랐어요. 같은 반 친구인 하경이가 울고 있었기 때문이에요.

　　"하경아, 왜 울어? 무슨 일 있어?"

　　수지가 울먹이고 있는 친구의 모습을 보고 걱정스런 표정으로 물어보았어요.

　　"여긴 무엇이든 찾아 줄 수 있다고 해서 왔어. 내 소중한 거울, 찾아 줄 수 있을까?"

　　하경이는 현우와 수지 앞에서 아빠에게 생일 선물로 받은 거울에 대해 설명하기 시작했어요.

"누군가가 나타나 거울을 훔쳐 갔다고?"
현우가 진지한 표정으로 묻자 하경이는 고개를 끄덕였어요.
"어린아이처럼 키가 작고, 파란 머리털이 정수리에만 나 있는 사람이었어요."

하경이는 말을 이어 나갔어요.
"그 사람은 내 거울을 들고 이렇게 말했어."

"벽난로?"

현우는 아무리 생각해도 샤바샤바의 말이 무슨 뜻인지 알 수 없었어요. 현우는 청동 거울이라는 말과 벽난로라는 말을 여러 번 중얼거렸어요.

"청동 거울과 벽난로……."

현우는 갑자기 뭔가 떠오른 듯 벌떡 일어났어요.

"벽난로가 아니라 벽란도 아닐까?"

"벽란도? 벽란도가 뭐야?"

현우는 어리둥절한 수지와 하경에게 벽란도에 대해 설명했어요.

벽란도는 말이야…

국제 무역항, 벽란도

벽란도는 고려 도읍인 개경의 서쪽을 흐르는 예성강 하구에 위치해 있어요. 개경과 가까우면서도 물이 깊은 편이라 큰 배가 드나들기 좋아 국제 교류는 물론, 국내 물자 운반도 하는 활기찬 곳이었어요.

현우는 단서를 찾으려 수지와 묘묘를 데리고 샤바샤바가 나타났던 공원으로 향했어요. 그런데 공원으로 가던 중 수지가 벽난로 가게를 발견하고 신기하다는 듯 말했어요.

"저기 정말 벽난로 가게가 있어."

수지가 가리킨 곳에는 정말 벽난로 가게가 있었어요. 그런데 가게 이름이 '송나라 벽난로'였지요. 현우는 심상치 않음을 느끼고 가게로 향했어요.

샤바샤바는 수지의 말에 힌트를 얻었다는 듯이 신이 나서 문을 향해 뛰었어요.

"샤바샤바, 어서 하경이의 거울을 돌려줘요!"

현우와 수지가 다급하게 외치며 샤바샤바를 잡으려 했어요. 하지만 샤바샤바는 요리조리 움직이며 빠져나갔어요.

"하하! 벽란도에 가서 이 청동 거울을 팔 거야."

샤바샤바는 혀를 내밀고 현우와 수지를 비웃었어요. 그런데 갑자기 샤바샤바의 얼굴이 파랗게 질렸어요.

현우와 수지는 이 틈을 놓치지 않고 샤바샤바에게 달려들었어요.

"잡았다, 샤바샤바!"

"어서 거울을 이리 내요!"

그때 샤바샤바는 급하게 독버섯 버클을 올렸어요. 그 순간 현우, 수지는 이상한 기운을 느끼며 어디론가 쑤욱 빨려 들어갔어요.

"여긴 어딜까? 사람들이 엄청 많아!"

현우와 수지는 눈앞에 펼쳐진 모습에 크게 놀랐어요. 바닷가에는 큰 배들이 있었고, 많은 사람들로 떠들썩했어요.

현우는 사람들의 대화에 귀를 기울였어요.

"이번에 송나라에서 온 배는 뭘 가져왔다던가?"

"송은 모르겠고, 아라비아에서 온 배는 곧 떠난다더군."

현우는 두 사람의 대화를 듣고 바로 알 수 있었어요.

"샤바샤바가 벽란도에 가겠다더니, 여기가 정말 고려 시대의 벽란도인가 봐."

"외국 사람들이 정말 많아."
수지는 다양한 복장을 한 상인들의 모습이 신기했어요.
"고려는 다른 나라와 활발하게 교류했거든."
현우는 이곳저곳을 둘러보는 수지에게 말했어요.

고려의 활발한 국제 교류

고려 초기, 고려 주변에는 송, 거란, 여진, 일본 등의 나라가 있었어요. 고려는 이들의 출입을 자유롭게 허용하는 개방 정책을 펼쳤지요. 거란과 전쟁을 치른 후 대외 관계를 안정시키려고 다른 나라와 활발한 교류를 했어요.

앗! 저기 파란 머리털!

두리번거리며 주위를 둘러보던 수지의 눈에 상인들 사이를 누비고 있는 샤바샤바가 들어왔어요. 샤바샤바는 현우와 수지를 발견하지 못한 것 같았어요.

"몰래 다가가서 샤바샤바를 잡자."

현우와 수지는 살금살금 이동했어요.

"너희는 어느 나라에서 왔니?"

목청이 좋은 상인이 현우와 수지를 발견하고는 말을 걸어 왔어요. 그 목소리에 샤바샤바는 뒤를 돌아보았고, 현우와 눈이 마주치자 빠르게 뛰어갔어요.

"거기 서요, 샤바샤바!"

현우와 수지도 뒤를 따라 달렸지만, 샤바샤바가 상인들의 물건을 떨어뜨리며 달아났기 때문에 쫓기 어려웠어요. 결국 샤바샤바는 키가 큰 상인들 사이로 자취를 감추었어요.

고려의 국제 교류

고려 초기에는 지방 호족의 반발과 외세의 침략으로 어수선했지만 차츰 안정을 찾아 갔어요. 국내 상업이 안정적으로 발전하면서 외국과의 무역도 활발하게 이루어졌죠. 도읍인 개경까지 배를 타고 들어가려면 개경 서쪽을 흐르는 예성강을 지나야 했어요. 예성강은 개경과도 가깝지만 수심이 깊어서 큰 배도 드나들기 쉬운 장점이 있었어요.

국제 무역항, 벽란도

예성강 하구에 있던 항구가 벽란도예요. 주변의 송나라, 일본은 물론 동남아시아와 아라비아의 상인들까지도 드나들어 여러 문물을 만날 수 있는 곳이었어요. 그래서 벽란도는 고려의 국제 무역항으로 고려 교역의 중심이 되었어요.

국제 무역항, 벽란도

벽란도는 고려 교역의 중심이었어요.

2장 초록색 손거울이 사라졌어요!

2 송나라 상인과의 거래

벽란도에는 어떤 상인들이 드나들었을까? ①

"니야앙!"

묘묘의 소리가 나는 곳을 돌아보니 샤바샤바가 큰 배 앞에서 묘묘를 마주한 채 떨고 있었어요.

"좋아, 묘묘! 잘했어."

현우는 환호성을 지르며 달려갔어요.

"샤바샤바, 그만 포기하고 거울을 주세요."

샤바샤바는 더 이상 도망갈 곳이 없다고 생각했는지 떨리는 손으로 거울을 꺼내 들었어요.

그때 갑자기 묘묘 앞에 물고기 한 마리가 날아왔어요.

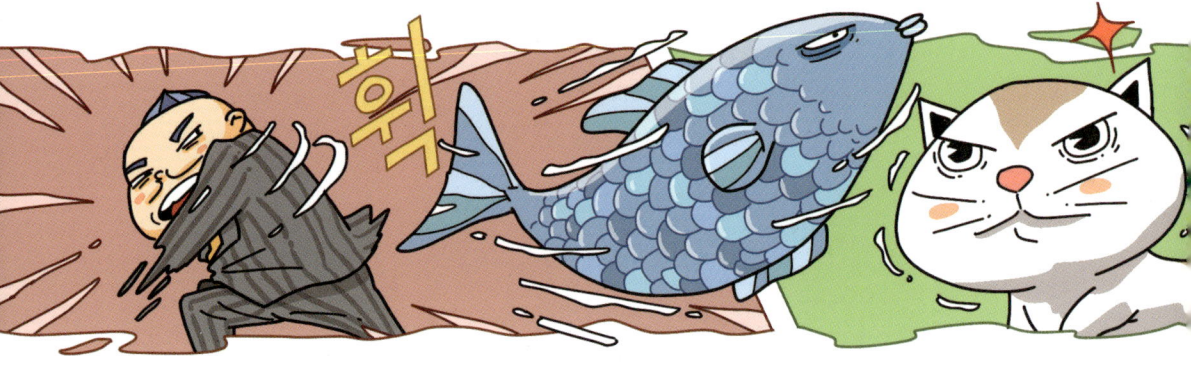

"물고기는 못 참을 거다!"

샤바샤바가 꺼낸 건 거울이 아니라 싱싱한 물고기였어요. 묘묘 앞에 물고기가 떨어지자 다른 고양이들이 묘묘를 향해 한꺼번에 달려들었어요. 갑작스러운 상황에 묘묘는 쫓기듯 달아났어요.

현우와 수지가 묘묘에게 신경을 빼앗긴 틈을 타 샤바샤바는 재빨리 도망갔어요.

현우와 수지는 힘이 빠져 그 자리에 털썩 주저앉고 말았어요.

"어떡하지?"

"묘묘는 우리가 어디에 있든 금방 찾아올 수 있을 거야."

현우도 묘묘가 걱정되긴 했지만 수지를 안심시키며 애써 미소를 지었어요.

"문제는 샤바샤바지."

샤바샤바를 떠올리자 현우는 한숨이 나왔어요. 그런데 걱정도 잠시였어요. 누구라고 할 것도 없이 두 사람의 배에서는 꼬르륵 소리가 동시에 터져 나왔어요.

"너무 배고프다. 뛰어다녀서 그런가 봐."

현우는 바지 주머니를 뒤적이며 풍선껌 한 통을 꺼냈고, 수지는 가방을 엎었지만 먹을 것은 아무것도 없었어요.

"잠깐."

현우는 갑자기 좋은 생각이 떠올랐어요.

"지금이 고려 시대잖아. 풍선껌은 우리한테는 별거 아니지만, 여기 있는 상인은 신기할 거야."

현우의 말에 수지도 눈을 반짝이며 손뼉을 쳤어요.

"그럼 더 좋은 것으로 교환할 수도 있겠네?"

"바로 그거야!"

현우와 수지는 어떤 물건과 바꿀 수 있을지 알아보기 위해 상인들 사이를 비집고 들어갔어요. 송에서 온 상인, 거란에서 온 상인 등 여러 사람이 고려 상인과 이야기를 나누고 있었어요.

"오빠……, 배 안 고파?"

현우는 수지의 잔뜩 찌푸린 얼굴을 보고 아차 싶었어요.

"언제까지 이러고 있을 건데?"

심통이 난 수지는 삐딱하게 굴며 핀잔을 주었어요. 현우 역시 배고팠기 때문에 빠르게 행동했어요.

"잘 봐."

현우는 손에 들고 있던 풍선껌 하나를 꺼내 입에 넣으며 씨익 웃었어요. 그리고 껌을 질겅질겅 씹었어요.

많은 상인들이 현우와 수지 주위로 몰려들었어요. 현우가 입에 물고 부풀린 풍선껌은 크기도 컸지만 터지지도 않았어요. 고려 시대 사람들은 처음 보는 풍선껌이 신기하지 않을 리가 없었지요.

"그게 뭐니?"

"나에게 팔지 않을래? 최고급 인삼을 줄게."

"난 귀한 비단을 가지고 있어."

저마다 현우의 풍선껌을 차지하기 위해 경쟁을 했어요. 그때였어요. 수지 배에서 꼬르륵 소리가 천둥소리만큼 크게 울려 퍼졌어요.

송나라 상인과 거래하기로 한 현우는 두 개의 탕후루를 받아 하나는 수지에게 건넸어요. 다른 사람들은 아쉬워하면서 물러났지만, 일부는 멀지 않은 곳에서 자신을 지켜보는 것 같았어요. 현우는 필요 없는 관심을 받게 되어 부담스러웠어요. 그래도 행복한 얼굴로 탕후루를 먹는 수지를 보고 잘한 일이라고 생각했어요.

"다른 진귀한 건 없니?"

"다른 진귀한 거라면······."

현우는 텅 빈 주머니를 뭐라도 있는 양 뒤적이는 시늉을 했어요. 그러자 고려 상인 하나가 튀어 나왔어요.

"이곳은 벽란도요. 고려 땅이니 우리 고려와 거래해야지."

"그게 무슨 소리인가. 아이들이 뭘 원하는 지도 모르잖소."

"저희는 샤바샤바라는 사람을 찾고 있어요."

현우는 샤바샤바의 생김새를 자세히 설명하며 샤바샤바를 찾아 주는 사람과 거래하겠다고 말했어요. 그러자 이들의 대화를 듣고 있던 상인들이 사방팔방 흩어지며 샤바샤바를 찾아 나섰어요.

"이번엔 샤바샤바도 찾고, 묘묘랑 같이 돌아갈 수 있겠지?"

수지는 혼잣말을 했어요.

얼마의 시간이 지나고, 탕후루를 주었던 송나라 상인이 다시 나타났어요.

"얘들아, 내가 찾은 것 같구나."

상인은 현우와 수지를 사람들이 모여 있는 곳으로 안내했어요. 샤바샤바는 현란한 말솜씨로 사람들의 이목을 끌고 있었어요.

"샤바샤바 대왕은 위대하며, 진귀한 것들을 많이 가지고 있다. 사실 고려는 '샤바 고려 왕국'의 줄임말이야!"

하경이의 거울을 되찾고, 샤바샤바를 잡아 원래대로 돌아갈 수 있는 기회였어요.

　샤바샤바 주위로 몰려든 사람들 때문에 거울 가까이 다가갈 수 없었어요. 사람들 사이로 머리를 들이밀었지만 조금도 앞으로 나아가지 못했지요. 현우와 수지를 지켜보던 송나라 상인이 미소를 띠며 말했어요.

　"저 거울을 원하는 거로군."

　송나라 상인이 거울을 사겠다고 나서자 샤바샤바는 순순히 거울을 상인에게 넘겨주었어요. 그리고 상인은 건네 받은 거울을 다시 현우에게 내밀었어요.

　"이 거울을 받아. 다른 진귀한 건 뭐니? 그리고 아까 내게 주었던 껌이란 것을 만드는 비법도 알려다오."

거울을 받아 든 현우는 당황했어요. 수지가 현우 옆구리를 찌르며 물었어요.

"혹시 풍선껌 만드는 법도 알아?"

현우는 살며시 고개를 가로저었어요.

두 사람 앞에서 송나라 상인이 기대에 가득 찬 얼굴로 풍선껌 만드는 비법을 듣기 위해 기다리고 있었어요. 그때 수지의 눈에 거울이 자세히 들어왔어요.

"이 거울 가짜야! 하경이 거울에는 이름이 새겨져 있다고 했어."

수지는 하경이가 거울에 대해 설명할 때 아빠가 자기 이름을 새겨 놓았다는 말을 기억했어요. 현우는 수지의 손을 잡고 뛰었어요.

"아저씨, 미안해요!"

어디선가 고양이 떼가 나타나 샤바샤바가 도망치는 걸 방해했어요.

"이 고양이들은 갑자기 어디서 나타난 거지?"

"그래도 고양이 덕분에 샤바샤바가 멀리 가지 못했어."

현우와 수지는 고양이들이 고마우면서도 왜 자신들을 돕는 것처럼 행동하는지 의아했어요.

고려와 송의 교류

고려는 건국 초기부터 송과 친하게 지냈어요. 송은 주변의 거란과 여진을 견제하기 위해 고려와 가깝게 지냈지요. 고려는 송나라의 앞선 문물을 받아들이기 위해 사신이나 유학생, 승려 등을 파견했어요. 이들은 송으로부터 유학, 예술, 불교 등을 고려에 들여왔어요. 고려는 왕실과 귀족이 사용하는 비단이나 자기, 약재 등을 수입했고, 송나라의 상인들은 벽란도에 들어와 금, 은, 화문석, 인삼, 나전 칠기, 종이, 먹 등을 가져갔어요.

화문석

화문석은 왕골을 손으로 엮어 가며 만든 돗자리예요. 주로 여름에 마루에 깔아 두면 더위를 식힐 수 있고, 무늬도 아름다워서 장식하는 용도로도 사용했어요.

나전 칠기

얇고 빛이 나는 자개 조각을 박아 넣거나 붙여서 만든 공예품이에요. 고려 시대에는 나전 칠기를 이용해 불교와 관련된 물건을 많이 만들었는데, 주로 불교 경전을 넣는 경전함을 만들었다고 해요.

나전 경함

고려와 거란, 여진, 일본의 교류

고려와 송이 가까워지는 것을 경계한 거란은 고려와 교류하려 했어요. 하지만 고려가 북진 정책을 펼쳤기 때문에 사이가 좋지 않았지요. 오히려 고려와 전쟁을 하기도 했어요. 그래서 고려와 거란은 무역이 활발한 편은 아니었어요. 고려는 거란으로부터 특산물을 받고, 농기구나 곡식 등을 보내는 정도였어요.

고려와 여진의 교류는 무역이라기보다는 조공 형식이었어요. 여진은 말, 모피 등을 고려에 보내고, 고려는 여진에서 필요한 농기구와 곡식 등의 물품을 보내 주었지요.

고려와 일본은 형식적인 물물 교환 수준의 교류를 했어요. 고려는 곡식과 서적, 인삼 등을 수출했고, 일본으로부터 유황, 수은을 수입하는 정도였지요.

2장 초록색 손거울이 사라졌어요!

아라비아 상인의 배

벽란도에는 어떤 상인들이 드나들었을까? ②

그때 수지의 눈에 들어온 것이 있었어요. 샤바샤바를 막아선 고양이들 사이로 묘묘가 보였던 거예요.

"묘묘가 저기 있어!"

묘묘는 다른 고양이들을 지휘하는 듯한 모양새로 샤바샤바가 도망치지 못하게 하는 중이었어요.

"묘묘가 우릴 도왔네. 잘됐어."

샤바샤바는 고양이들에 둘러싸여 비명을 질러댔어요. 그 덕분에 현우와 수지는 샤바샤바를 거의 따라잡을 수 있었어요.

하지만 샤바샤바는 이대로 잡힐 리 없었어요. 지그재그로 뛰며 고양이들을 간신히 피했지요. 그러다 생선 장수가 들고 있던 물고기가 담긴 통을 빼앗아 고양이들을 향해 던졌어요.

고양이들은 본능적으로 물고기를 향해 달려갔어요. 샤바샤바는 그 틈을 타 달아났지요. 아슬아슬하게 샤바샤바를 놓친 현우는 있는 힘껏 따라갔어요.

샤바샤바는 벽란도에서 가장 큰 배를 향해 뛰었어요.

배 입구에는 외국인으로 보이는 덩치 큰 사람 둘이 서 있었어요. 현우가 보기에 아무나 배에 오르지 못하도록 하는 것 같았어요. 그런데 어쩐 일인지 샤바샤바는 그 둘을 쉽게 통과해 배에 올라갔어요.

현우와 수지는 샤바샤바처럼 배에 탈 수 있을 거라 생각하고 배에 오르려 했어요. 하지만 외국인의 커다란 팔이 현우와 수지를 가로막았어요.

"이 배는 아주 부자이거나 진귀한 걸 가진 사람만 탈 수 있어."

배 입구를 막고 있던 사람의 말을 들은 현우와 수지는 허탈함에 힘이 쭉 빠지는 느낌이었어요. 껌은 모두 송나라 상인에게 주었기 때문에 진귀하다고 할 만한 것이 하나도 없었기 때문이에요.

"내게 적당한 게 있어."

수지는 문득 생각이 났어요. 그러더니 가방 안에 소중히 넣어 둔 연필을 꺼내 들었어요. 현우가 보기에도 이 사람에게 연필은 진귀한 물건이 틀림없었어요.

"이건 붓과 먹이 없어도 글씨를 쓸 수 있는 진귀한 물건이죠."

"뭐? 그게 사실이냐?"

현우의 말에 두 사람 중 하나가 눈을 크게 뜨며 가까이 다가왔어요. 그는 아라비아 상인이었어요. 현우는 기회다 싶어 수지의 연필을 상인에게 보여 주었어요.

"아주 신기한 걸 가지고 있었구나. 이걸 나에게 주면 너희가 원하는 걸 주마."

상인은 수지의 연필에서 눈을 떼지 못했어요. 현우와 수지는 샤바샤바를 잡기 위해 배에 올라가야 했어요.

"일단 배에 이것과 바꿀만한 게 뭐가 있는지 보고 싶어요."

현우의 말을 들은 아라비아 상인은 현우와 수지를 배 위로 안내했어요.

"좋다. 아주 좋은 물건들을 보여 주지."

배에 오르자 많은 사람들이 눈에 들어왔어요. 현우와 수지는 눈이 휘둥그레졌지요. 아라비아 상인은 그 모습에 매우 만족했어요. 상인은 수지의 연필을 얻고 싶어서 진귀한 물건들을 보여 줬어요. 수지는 연필을 팔 생각이 없었지만 아라비아 상인은 이미 연필을 얻은 것처럼 들떠 있었어요.

"그걸 가져가면 서양 사람들에게 코리아가 더 유명해지겠군. 정말 신비한 나라야."

아라비아 상인의 말에 수지는 의아했어요.

"우리나라가 영어로 코리아인 걸 어떻게 알지?"

수지의 질문에 현우는 귀엣말로 속삭였어요.

"그건 말이야, 아라비아 상인은 동양과 서양을 넘나들며 활발히 교역을 했거든. 그래서 이들을 통해 고려의 이름이 서양에까지 전해져 '코리아'라고 알려지게 되었어."

가만히 옆에서 지켜보던 원나라 상인이 수지에게 다가왔어요.

"넌 어느 나라 사람이니?"

"고, 고려요."

갑작스런 질문에 당황한 수지는 저도 모르게 '고려 사람'이라고 답했어요. 그 말에 원나라 상인은 표정이 밝아졌어요.

"새로운 고려 옷인가 보구나. 이 옷도 금방 우리 몽골에 유행하겠어. 좀 더 자세히 봐도 되겠니?"

현우는 고개를 끄덕이며 말했어요.

몽골풍과 고려양

고려와 원나라(몽골)는 많은 사람이 오갔을 정도로 활발히 교류했어요. 그 과정에서 서로의 문화가 깊이 전해졌는데, 원에 전해진 고려 문화를 '고려양', 고려에 전해진 몽골의 문화를 '몽골풍'이라 불렀어요.

아라비아 상인은 조바심이 나기 시작했어요. 자신이 가진 물건을 건네고 연필을 얻어야 하는데, 현우와 수지가 다른 걸 더 마음에 들어 할까 봐 걱정이 되었던 거예요.

"아라비아에는 더 좋은 게 많아."

상인의 말에 수지는 궁금해졌어요.

"어떤 게 있죠?"

"아라비아는 고려에 상아나 수정, 호박 같은 보석과 후추를 팔고, 고려로부터 금이나 비단을 사지."

"헉, 내 물건이 사라졌다!"

"내 것도 없어졌어!"

갑자기 여기저기서 물건이 사라졌다는 소리가 들리며 분위기가 어수선해졌어요.

"분명히 방금 전까지 여기 있었어. 도둑이 있는 게 분명해!"

상인들은 서로를 의심했어요. 험악한 표정을 지으며 싸우려는 사람도 있었어요. 그걸 본 현우가 소리쳤어요.

"모두 진정하세요. 제가 범인을 알아요."

현우는 상인들 뒤로 자루를 어깨에 메고 돛 위로 올라가는 샤바샤바를 가리켰어요.

"범인은 저 사람이에요!"

샤바샤바는 부리나케 돛 위로 기어올랐어요. 그리고 아래에 있는 사람들을 향해 동전을 뿌렸어요.

"난 분명히 돈 냈다."

샤바샤바의 말에 사람들은 어이가 없었어요. 심지어 샤바샤바가 뿌린 동전은 대부분 바닷속으로 가라앉았지요.

"고려 시대엔 화폐가 널리 쓰이지 못 했는데 샤바샤바는 그걸 모르나 보네."

현우는 고려 시대 화폐를 떠올리며 중얼거렸어요.

샤바샤바의 태도에 약이 오른 사람들은 샤바샤바를 잡기 위해 한 명씩 돛을 잡고 올라가려 했어요. 하지만 샤바샤바가 기름을 뿌려서 사람들이 미끄러져 올라오지 못하게 만들었어요.

"하하. 난 위대한 샤바샤바 대왕님의 신하다. 너흰 절대 날 잡을 수 없을걸?"

샤바샤바는 샤바샤바 대왕을 위한 노래를 불렀어요. 그때 기름이 뿌려진 돛을 미끄러지지 않고 올라가는 누군가가 있었어요. 수지는 신이 나서 소리쳤어요.

"묘묘는 어떤 상황에서도 잘 올라갈 수 있다고요."

묘묘가 발톱을 세운 채 돛을 오르고 있었고, 샤바샤바는 다가오는 묘묘를 피할 방법이 없었어요.

"자, 이제 그만 포기하고 내려와요. 그러다 떨어지면 큰일 나요."

현우는 샤바샤바가 너무 놀라 떨어지면 위험하겠다고 생각했어요. 다행히 묘묘도 샤바샤바에게 천천히 다가갔어요. 그런데 갑자기 샤바샤바가 고개를 들고 크게 소리쳤어요.

"샤바샤바 대왕님 만세!"

샤바샤바는 이 외침과 함께 바다로 뛰어내렸어요.

우리나라가 '코리아'라고 불리는 이유

고려 사회는 상업이 발전하고, 무역도 활발했어요. 수도와 가까운 곳에 위치한 항구 벽란도에는 송, 일본 등 여러 나라의 상인들이 드나들었어요. 그 가운데 아라비아 상인도 있었어요. 아라비아 상인은 코끼리 상아나 수정, 호박 같은 보석을 가지고 들어왔고, 금이나 비단을 가져갔어요. 고려에서는 아리비아를 '대식국'이라고 불렀는데, 아라비아 부족 중 한 부족의 이름을 소리나는 대로 한자로 적은 것이라 해요. 고려는 아라비아 상인을 통해 서양에 소개되었고, '코리아'라는 이름으로 알려졌어요.

고려의 화폐

고려 시대에는 쌀이나 옷감이 화폐를 대신했어요. 고려는 점차 상업이 발전하고, 무역이 활발해지자 건원중보라는 화폐를 발행했어요. 하지만 건원중보는 귀족들의 반대로 널리 사용되지 못했어요. 이후 해동통보, 해동중보 같은 동전을 발행하고 관리의 봉급으로 지급하기도 했어요. 또 한 근의 은으로 만든 고액 화폐인 은병도 발행했어요. 고려에서는 화폐를 널리 사용하도록 노력했지만 많은 사람들이 화폐의 필요성을 느끼지 못하고 쌀이나 옷감으로 거래했어요.

건원중보

소은병

해동통보

원나라와의 교류

13세기 중반, 몽골족은 동아시아 전역을 차지하며 원나라를 세웠어요. 원나라는 고려를 수차례 침입하고 간섭했어요. 고려 왕은 어릴 때 원나라에 오랫동안 머물다 와야 만 했고, 원나라 공주와 혼인해야 했지요. 고려의 상인이나 승려, 유학자 등이 원나라에 가거나, 원나라 사람들이 고려에 오는 일도 잦았어요. 교류가 활발해지면서 고려에는 원나라의 몽골 문화가 퍼졌고, 이를 '몽골풍'이라 불렀어요. 또 원나라에는 고려 문화가 퍼졌고, 이를 '고려양'이라고 해요.

전통 혼례 때 신부가 쓰는 족두리나 볼에 찍는 연지는 몽골 풍습에서 온 거예요. 또 궁에서 사용하던 '마마', '수라' 같은 말도 원나라에서 넘어온 거지요. '장사치', '벼슬아치'처럼 어미에 붙는 '치'도 몽골에서 넘어온 말이에요. 반대로 고려 여성의 의복은 원나라로 넘어가 유행했어요. 떡이나 쌈, 고려병 같은 음식도 고려에서 원으로 퍼져 나갔어요.

 2장 **초록색 손거울이 사라졌어요!**

4
개경에 나타난 사기꾼
국제도시 개경은 어땠을까?

샤바샤바가 돛에서 뛰어내리자 수지는 어쩔 줄 몰랐어요. 눈물이 고인 채 현우의 팔을 꽉 잡았지요.

"오빠, 샤바샤바가 죽기라도 하면 어떡하지?"

"다치지 않았을 거야. 바다로 떨어졌으니 구할 수 있어."

현우는 샤바샤바가 떨어진 곳을 다시 돌아보았어요. 그런데 눈앞에 펼쳐진 광경에 넋이 나가고 말았지요. 물에 빠진 줄만 알았던 샤바샤바가 작은 배 위에 올라앉아 있었기 때문이에요.

"그런데 샤바샤바가 배를 타고 도망치면 잡을 수 없잖아?"

수지는 점점 멀어지는 샤바샤바의 배를 보며 발을 동동 굴렀어요. 그러자 아라비아 상인이 현우와 수지에게 다가왔어요.

"배가 필요하다면 줄 수 있지. 대신 아까 그 연필을 다오."

"정말요?"

수지가 아끼는 연필이었지만 하경이의 거울을 되찾고 집으로 돌아가기 위해선 샤바샤바를 잡는 게 먼저였어요. 망설일 시간이 없었지요. 수지는 연필을 꺼내 상인에게 넘겨주었어요.

"여기요. 어서 배를 주세요."

연필을 넘겨받은 상인은 뛸 듯이 기뻐하며 바닷가에 묶어 놓은 작은 배를 주었어요. 현우와 수지는 샤바샤바의 배를 향해 힘껏 노를 저었어요.

현우와 수지는 먼저 출발한 샤바샤바의 배를 따라잡기 어려울 거라 생각했어요. 하지만 샤바샤바도 좀처럼 앞으로 나아가지 못했어요. 그나마 현우와 수지는 두 명이었기 때문에 조금씩 샤바샤바에게 가까워졌지요.

"나 점점 힘이 빠져……."

열심히 노를 젓던 수지의 팔이 점점 느려졌어요.

"조금만 더 힘내. 샤바샤바의 배에는 짐이 많아서 우리보다 더 빨리 지칠 거야."

현우의 말대로 샤바샤바는 지칠대로 지쳤어요. 조금만 더 가까우면 묘묘가 샤바샤바의 배로 뛰어오를 수 있을 정도였지요.

샤바샤바는 이대로 잡힐 수 없었기 때문에 훔친 물건들을 바다에 던지기 시작했어요.

"샤바샤바 대왕님께 올릴 물건이었는데……. 아깝지만 어쩔 수 없지. 저 아이들을 따돌리는 게 먼저야."

배가 가벼워지자 샤바샤바의 노 젓는 속도가 빨라졌어요. 그래서 현우와 수지보다 먼저 육지에 도착할 수 있었지요.

"저렇게 다 버릴 거면 도대체 왜 훔친 거람."

"이제 와서 놓칠 수는 없어."

현우의 말에 수지는 있는 힘껏 노를 저었고, 두 사람도 간신히 육지에 도착했어요.

　현우와 수지는 샤바샤바가 말을 타고 달아나는 모습을 보자 더 이상 뛸 수 없었어요.

　"큰일이네. 말을 타고 도망가면 어떻게 쫓아가지?"

　현우는 그 자리에 주저앉고 말았어요. 수지는 주변을 둘러보다가 묶여 있는 말과 그 주인을 발견했어요.

　"우리도 말을 타자."

　수지의 말에 현우는 고개를 저었어요.

　"이젠 우리에게 남은 게 없어. 배는 연필로 살 수 있었지만 말은 어떻게 사?"

　수지는 주머니를 뒤적거리며 말했어요.

　"혹시 이거 쓸 수 있지 않을까?"

고려 화폐 중에 은병은 가치가 높았어요. 현우는 희망이 있다고 생각했어요.

"이거라면 말을 빌려줄 지도 몰라."

현우와 수지는 말이 묶여 있는 곳으로 갔어요. 그리고 은병을 건네고 말을 빌리는 데 성공했어요.

"그런데 너희는 어디에서 왔니?"

현우는 잠시 당황했지만 침착하게 대답했어요.

"우린 멀리 떨어진 곳에서 왔어요. 개경은 처음이에요."

현우의 대답에 말 주인은 개경 자랑을 늘어놓았어요.

"여기 개경엔 말이야 외적의 침입을 막기 위한 나성이 있어. 왕과 귀족, 관리, 상인, 농민, 노비 등 매우 다양한 사람이 살고 있지."

말 주인이 이야기할 때마다 달리는 속도가 느려졌기 때문에 현우와 수지는 샤바샤바를 찾지 못할까 봐 조바심이 났어요.

"개경에 왔으면 이것저것 구경해야지. 안 그러니?"

말 주인은 아랑곳하지 않고 말을 이어 갔어요.

"개경이 처음엔 다른 이름이었다는 건 알고 있니?"

현우는 더 빨리 샤바샤바를 쫓기 위해 말 주인이 이야기를 그만하게 만들어야 했어요. 그래서 개경의 원래 이름과 고려의 도읍이 된 이유를 말했지요.

고려의 도읍, 개경

개경의 옛 이름은 '송악'이었어요. 송악은 고려를 세운 왕건의 고향이었기 때문에 나라의 기틀을 잡는 데 편리했고, 고려 영토의 중심에 있었죠. 게다가 사방에 높은 산이 있고 예성강, 임진강, 한강 등 큰 강들이 흘러서 전국의 재물이 한데 모이기 좋은 이점도 있었어요.

"자, 어때요? 이젠 빨리 달려 주실 수 있죠?"

"그, 그래. 꽉 잡아라."

현우가 개경에 대해 잘 알고 있었기 때문에 말 주인은 달리는 데 집중했어요. 그리고 빠르게 달려 개경의 시장에 도달했지요.

시장에는 사람들이 무척 많았어요.

"저기 샤바샤바가 탔던 말이 있어."

수지는 시장 한구석에서 샤바샤바가 탔던 말을 발견했어요. 현우와 수지는 말에서 내려 주변을 탐색했어요.

　　샤바샤바는 하경이의 거울로 사람들을 비추어 주면서 운세를 보고, 그 대가로 돈이나 물건을 요구했어요. 사람들도 거울에 선명하게 자신의 모습이 비치는 것이 신기했는지 비싼 값을 지불하고도 거울을 보려고 했어요.

　"으하하. 내가 왜 거울을 팔려고 했지? 이렇게 장사를 하면 엄청난 재물을 샤바샤바 대왕님께 바칠 수 있는데 말이야!"

　샤바샤바는 지나치게 신이 난 나머지 현우와 수지가 가까이 있다는 사실을 눈치채지 못했어요. 수지는 묘묘를 안고 조심스레 샤바샤바의 뒤로 다가갔어요.

　수지는 샤바샤바의 머리에 묘묘를 살포시 올려놓았어요. 묘묘를 발견한 샤바샤바는 공포에 질렸지요. 그리고는 본능적으로 벨트에 달린 독버섯 버클을 내렸어요.

　현우와 수지는 틈을 놓치지 않고 샤바샤바의 양팔을 붙들었고, 샤바샤바와 함께 어딘가로 쏙 빨려 들어갔어요.

"여기가 어디지?"

현우가 안경을 올리며 눈을 찡그리고 주변을 둘러보았어요.

"성공이야! 원래 있던 곳으로 돌아왔어."

수지의 목소리는 기쁨에 가득차 있었어요. 그런데 어디선가 떨리는 목소리가 들려왔지요. 그 소리를 따라 돌아본 곳에는 샤바샤바가 묘묘를 어깨에 올린 채 덜덜 떨고 있었어요.

묘묘가 발톱을 세우고 샤바샤바의 머리카락을 잡으려 하자 샤바샤바는 더욱 괴로워했어요.

"너희 가만두지 않을 거야. 두고 봐!"

샤바샤바의 외침과 함께 주변에는 이상한 연기가 가득 찼고, 잠시 후 연기가 사라졌을 때 샤바샤바는 이미 떠난 후였어요.

"샤바샤바가 사라졌어. 하경이의 거울은 어디 있지?"

현우의 다급한 외침에 수지가 손에 든 거울을 들어 보였어요.

"거울은 여기 있어. 우리 이번에도 무사히 일을 마친 것 같아."

현우와 수지는 샤바샤바를 놓치긴 했지만 하경이에게 거울을 돌려줄 수 있게 되어 기뻤어요. 거울을 받은 하경이는 세상에서 가장 귀한 선물을 두 번 받은 것 같다며 매우 좋아했어요.

개경의 이모저모

고려의 도읍인 개경은 지금의 개성 지역이에요. 예전에는 송악으로 불렸지요. 개경은 산에 둘러싸여 있었고, 23킬로미터에 이르는 나성으로 개경을 에워싸 외적의 침입을 막기에 유리했어요. 주변으로는 예성강과 임진강, 한강 등 큰 강이 흐르고 있어 물자 운반이 쉬웠기 때문에 세금으로 거두어 들이는 곡식을 나르기에도 좋았어요.

개경에는 동서와 남북으로 뻗은 길이 만나는 십자 거리가 있었어요. 이곳으로 사람과 물건이 모여들었기 때문에 상업이 발전했고, 개경의 중심지가 되었어요.

고려 궁궐

경복궁, 창덕궁 등 조선의 궁궐은 남아 있지만, 고려 궁궐은 남아 있지 않아요. 지금은 궁궐터만 남아 있고, 이 터를 '만월대'라고 부르지요. 고려 궁궐은 개경 서북쪽의 송악산 남쪽 비탈에 지어졌어요. 산비탈에 맞춰 계단식으로 배치해 지었기 때문에 웅장한 느낌을 주었다고 해요.

궁궐에는 왕족이 모여 사는 별궁이 있었어요. 그리고 많은 관청도 있었기 때문에 이를 둘러싼 성곽도 만들었지요. 나성 안쪽에 궁궐과 관청을 둘러싼 이 성곽을 황성이라 불렀어요. 황성의 정문인 광화문은 개경 내 모든 도로의 중심이었어요.

한눈에 보는 한국사고!

고려 시대 1

① 후삼국 이후 고려는 어떻게 생겨났을까?

진골의 왕위 다툼과 백성을 살피지 않는 귀족들 때문에 신라는 혼란한 시기를 겪고 있었어요. 지방에 생겨난 호족은 점점 힘을 키우며 싸움을 벌였지요. 견훤은 후백제를 세우고, 궁예는 후고구려를 세워 후삼국이 등장하게 되었어요. 왕건은 궁예의 신하였지만, 궁예를 쫓아내고 새로운 왕이 되어 '고려'를 세웠어요.

② 고려는 어떤 정책과 제도를 펼쳤을까?

태조 왕건은 고려를 건국한 이후 나라를 안정시키고, 왕권을 강화하기 위해 여러 가지 통일 정책을 펼쳤어요. 또 후손에게 나라를 다스리면서 지켜야 할 열 가지 가르침인 '훈요 10조'를 남겼지요. 광종과 성종도 제도를 정비해 나라의 안정을 꾀했어요.

태조 왕건	• 불교로 백성의 마음을 모으려 함 • 세금을 줄여 백성들의 생활을 살핌 • 옛 고구려 땅을 회복하려는 북진 정책을 펼침 • 호족의 딸과 혼인하는 등 호족 융합 정책을 펼침
광종	• 노비안검법을 실시해 호족의 불법 노비를 해방함 • 과거제를 실시해 인재를 등용함
성종	• 최승로의 '시무 28조'를 받아 들여 유교 정치 사상을 채택함 • 중앙 정치 조직이나 지방 행정 제도를 정비함

③ 고려는 다른 나라와 어떻게 지냈을까?

고려는 국내 상업이 안정적으로 발전하면서 외국과의 무역도 활발하게 이루어졌어요. 특히 도읍인 개경과 가까운 예성강 하구에 있던 벽란도는 고려의 국제 무역항으로 교역의 중심이 되었어요. 고려는 송나라와 가장 활발히 교류하였고, 거란, 여진, 일본, 아라비아와도 교류했어요.

④ 고려의 화폐는 어땠을까?

고려는 건원중보, 해동통보, 은병과 같은 화폐를 만들어 발행했어요. 하지만 널리 사용되지는 못하고, 쌀이나 옷감이 화폐를 대신해 거래에 사용되었어요.

건원중보

소은병

해동통보

문제를 풀자!

Q1 통일 신라가 분열한 이유가 <u>아닌</u> 것은?

① 귀족의 왕권 다툼과 사회 혼란

② 살기 어려워진 농민들의 봉기

③ 6두품과 호족 세력의 등장

④ 왕이 여러 명과 결혼함

Q2 고려가 후삼국을 통일한 과정을 순서대로 적은 것은?

① 신라 멸망 → 고려 건국 → 공산 전투 → 고창 전투 → 후백제 멸망
② 고려 건국 → 공산 전투 → 고창 전투 → 신라 멸망 → 후백제 멸망
③ 신라 멸망 → 후백제 멸망 → 공산 전투 → 고창 전투 → 고려 건국
④ 고려 건국 → 공산 전투 → 신라 멸망 → 고창 전투 → 후백제 멸망

Q3 고려와 교류한 상인에 대한 설명을 바르게 연결해 보세요.

 ① 송나라 상인 • • (가) 고려에 은, 말, 모피 등을 팔고, 농기구나 곡식, 문방구 등을 가져갔다.

 ② 거란 상인 • • (나) 향료와 상아, 수정 등을 팔고, 금이나 비단을 가져갔다. 서양 세계에 '코리아'라는 이름을 알렸다.

 ③ 일본 상인 • • (다) 고려와 가장 활발히 교류했다. 고려에 비단, 자기, 약재 등을 팔고, 금, 은, 나전 칠기, 화문석 등을 가져갔다.

 ④ 아라비아 상인 • • (라) 수은, 유황 등의 물품을 가지고 왔고, 인삼이나 곡식, 서적 등을 받아 갔다.

Q4 몽골풍과 고려양에 대한 설명 중 맞는 것은?

① 몽골풍은 고려에 퍼진 몽골 문화이다.
② 고려양은 고려에서 유행한 몽골 문화이다.
③ 고려의 문화는 다른 나라에 전해지지 못했다.
④ 쌈, 고려병과 같은 원의 음식이 고려에서 유행했다.

정답이 뭐야?

A1 정답은 ④입니다.

통일 신라는 진골 귀족의 왕위 다툼으로 혼란한 시기를 겪게 되었어요. 부패한 귀족들 때문에 살기 어려워진 농민들은 봉기했지요. 여기에 6두품 귀족과 지방에서 힘을 키운 호족들이 신라를 위협하게 되었어요.

A2 정답은 ②입니다.

왕건은 궁예를 몰아내고 918년에 고려를 세웠어요. 그런데 후백제가 신라를 공격했고, 신라를 도와 공산에서 싸운 고려는 싸움에 지고 말았어요. 몇 년 뒤 왕건은 고창에서 후백제와 싸워 크게 이겼어요. 후백제에서는 왕위 다툼이 치열했고, 후백제의 견훤은 도망쳐 왕건에게 항복했어요. 이를 본 신라는 더는 버티기 어렵다고 여겨 고려에 나라를 넘겼어요. 후백제도 고려와의 전쟁에 졌고, 고려는 삼국을 통일했어요.

A3 정답은 ①-(다), ②-(가), ③-(라), ④-(나)입니다.

고려는 외국과의 교류가 활발했어요. 개경과 가까운 예성강 하구에 있던 벽란도는 고려의 국제 무역항으로 교역의 중심이 되었어요. 고려는 송나라와 가장 활발히 교류하였고, 거란, 여진, 일본, 아리비아와도 교류했어요.

A4 정답은 ①입니다.

원나라는 13세기 중반, 몽골족이 세운 나라예요. 고려와 원나라는 교류가 활발했어요. 원나라에는 고려의 문화가 유행했고, 이를 '고려양'이라고 불러요. 고려에도 원의 몽골 문화가 퍼졌는데, 이를 '몽골풍'이라고 불러요.

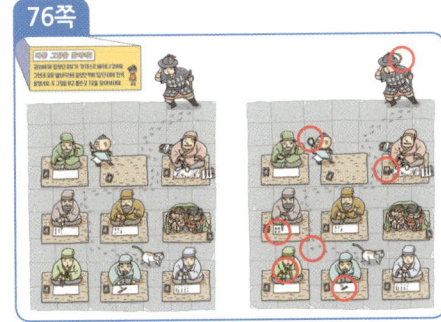

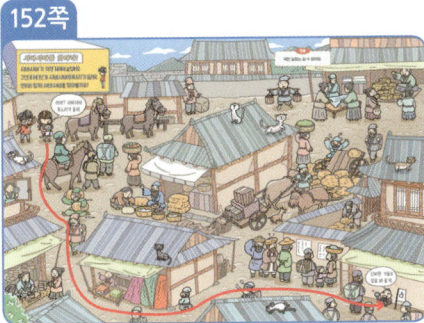

한국사 연표

선사 시대

약 70만 년 전
구석기 시대 시작

기원전 8천년경
신석기 시대 시작

기원전 2333년
단군왕검 고조선 건국

기원전 1천년경
청동기 시대 시작

고조선

기원전 400년경
철기 시대 시작

기원전 194년
위만 고조선 왕이 됨

삼국시대

612년
살수대첩

645년
안시성 싸움

552년
백제 일본에 불교 전함

527년
신라 불교 공인

기원전 18년
백제 건국

기원전 57년
신라 건국

기원전 37년
고구려 건국

남북국 시대

676년
신라 삼국 통일

698년
발해 건국

751년
신라 불국사와 석굴암을 세움

828년
신라 장보고 청해진 설치

900년
견훤 후백제 건국

901년
궁예 후고구려 건국

918년
왕건 고려 건국

고려 시대

1376년
최영 왜구 정벌

1377년
최무선 화통도감 설치,
《직지심체요절》
인쇄

1388년
위화도 회군

1236년
〈팔만대장경〉
새김(~1251)

1270년
개경으로 도읍을
다시 옮김,
삼별초의 항쟁

1359년
홍건적의 침입
(~1361)

1170년
무신 정변

1231년
몽골 1차 침입

1232년
강화도로 도읍 옮김,
몽골 2차 침입

1234년
금속 활자로
《고금상정예문》
인쇄

936년
고려 후삼국 통일

1019년
귀주 대첩

1107년
윤관 여진 정벌

1126년
이자겸의 난

1135년
묘청의 난,
서경 천도 운동

대한민국

1945년 8.15 해방
1948년 대한민국 정부 수립, 조선 민주주의 인민 공화국 수립
1950년 한국 전쟁(6.25 전쟁) 일어남
1953년 휴전 협정 체결
1960년 4.19 혁명 일어남
1962년 제1차 경제 개발 5개년 계획
1980년 5.18 민주화 운동
1987년 6월 민주 항쟁
1988년 제24회 서울 올림픽 개최
1991년 남북한 유엔 동시 가입

일제 강점기

1919년 3.1 운동, 대한민국 임시 정부 수립
1920년 봉오동 전투, 청산리 대첩
1926년 6.10 만세 운동

대한 제국

1897년 대한 제국 선포
1905년 을사조약
1907년 국채 보상 운동, 고종 황제 퇴위, 신민회 설립
1909년 안중근 이토 히로부미 사살
1910년 일본에 주권을 빼앗김, 조선 총독부 설치

조선 시대

1392년 조선 건국
1394년 한양으로 도읍 옮김
1443년 훈민정음 창제
1446년 훈민정음 반포
1592년 임진왜란(~1598)
1610년 허준 《동의보감》 완성
1627년 정묘호란
1636년 병자호란
1678년 상평통보 만듦
1708년 전국적으로 대동법 실시
1801년 신유박해
1860년 최제우 동학 창시
1866년 병인박해, 병인양요
1871년 신미양요, 흥선 대원군 척화비 세움
1875년 운요호 사건
1876년 일본과 강화도 조약 맺음
1884년 우정국 설치, 갑신정변
1894년 동학 농민 운동, 갑오개혁
1896년 아관파천, 독립 협회 설립, 〈독립신문〉 발간

이 책에 실린 사진

- 26쪽 합천 해인사 길상탑 사리구 탑지, 국립중앙박물관
- 26쪽 합천 해인사 길상탑, 한국민족문화대백과사전
- 47쪽 경상북도 경주시 포석정, 문화재청
- 47쪽 안동 차전놀이, 문화재청
- 122쪽 화문석, 한국학중앙연구원
- 122쪽 나전 경함, 국립중앙박물관
- 140쪽 건원중보, 한국은행 화폐박물관
- 140쪽 소은병, 한국은행 화폐박물관
- 140쪽 해동통보, 한국은행 화폐박물관
- 161쪽 건원중보, 한국은행 화폐박물관
- 161쪽 소은병, 한국은행 화폐박물관
- 161쪽 해동통보, 한국은행 화폐박물관

이 책에는 주식회사 투게더그룹에서 제작한 'TT투게더' 서체가 사용되었습니다.

역사 악동즈 VS 역사 도둑
한국사고! ❸ 고려 시대 1

1판 1쇄 발행 2023년 12월 30일

글 조영선
그림 김용길

펴낸이 김유열
편성센터장 김광호
지식콘텐츠부장 오정호
단행본출판팀 장효순, 최재진, 서정희

책임편집 이제
디자인 이보배
인쇄 명진씨앤피

펴낸곳 한국교육방송공사(EBS)
출판신고 2001년 1월 8일 제2017-000193호
주소 경기도 고양시 일산동구 한류월드로 281
대표전화 1588-1580
이메일 ebsbooks@ebs.co.kr
홈페이지 www.ebs.co.kr

ISBN 978-89-547-8115-2 (74910)
      978-89-547-6011-9 (세트)

ⓒ 2023, EBS·조영선·김용길

이 책은 저작권법에 따라 보호받는 저작물이므로 무단 전재 및 무단 복제를 금합니다.
파본은 구입처에서 교환해드리며, 관련 법령에 따라 환불해드립니다. 제품 훼손 시 환불이 불가능합니다.